U0152966

你不是懶，而是能量低

／人生開外掛的**精力管理術**／

林揚程 著

目次

Part 02 情緒維度——將困難轉化為挑戰

Part 03 思維維度——保持專注和樂觀

Part 04

精神維度——活出人生意義

各界讚譽

▼Vito大叔／設計人生教練、人氣播客、圖文作家

這幾年探索人生的過程中，我不斷在尋找一位啟發和模仿的榜樣，那個人就是「敢變軍師」Hank大叔，他完全實現了心中的願景，活出了生命的意義。

這位身材黝黑精壯、笑容燦爛親切的老哥幾乎包辦了我所有未竟的夢想，無論是征服二二六公里的超級鐵人賽、跑完法國波爾多紅酒馬拉松，或是用熱情創辦了台灣最大的管理教育機構太毅國際。

日理萬機卻總是精力充沛的他，究竟是怎麼辦到這一切的？

原來，只要透過人生開外掛的精力管理術，善用精力管理金字塔顧好自己的體能維度、情緒維度、思維維度以及精神維度，就可以維持高效能狀態，創造出豐盛的精彩生活！

精力是生活的動力引擎，可以推動你我應對日常挑戰、產生實現夢想的動能。透過精力管理的技巧，我學會了如何快速切換專注狀態與放空狀態，延長專注的持續時間進入心流，從此不再輕易感到筋疲力盡，成為了一位聰明的懶人工作者。

最後，千萬別錯過書中「三個召喚使命的技巧」，活出獨特的意義來，用夢想設計出自己精彩的人生！

▼王永福／F學院創辦人、企業簡報與教學教練

總是有讀者好奇地問我：要怎麼樣才能在不同的領域產出成果？在創業、寫作、教學、線上課程之外，還能讀完博士學位，挑戰鐵人三項，又能兼顧自己的興趣，像是潛水、咖啡與牛排，然後還能幾乎每天接送小孩，擁有高品質的親子時光。這一切是怎麼完成的？「要怎麼做好時間管理？」這是許多人常問我的問題。

但這個問題的方向其實錯了，重點不在於「時間管理」，因為有效率地運用時間，不見得會收獲有效果的產出。如果每天只是被時間追著跑，只是在意如何運用時間，卻沒有方法跟方向，那即使再會利用時間，也只是得到無效產出，甚至會因為「管理時間」而倍感壓力，可能讓自己更忙、更緊張、更累，卻沒辦法擁有更高效的產出。因此，重點從來不是時間管理。

那到底該怎麼做？雖然我也陸續分享了一些「工作與生活的技術」，但直到看見Hank寫的這本書，我才真正了解，原來做好「精力管理」，才是高效產出成果的重點。書中把精

力管理分成四大維度：體能、情緒、思維、精神。其中談到的細節與方法，都是我這些年工作與生活的日常。

一、體能維度：日常生活中，我運用鐵人三項的鍛練目標來保持體力，也注意睡眠品質與進行午間小睡，讓自己持續保持好的體力，才能更有執行目標的意志力。

二、情緒維度：早上我總是從回想最棒的三件事開啟一天，遇到挑戰或壓力時，總是告訴自己「一切都是最好的安排」。把失敗視為常態（儘管還是會不開心），但可以失敗卻不放棄，讓自己持續前進，堅持下去。

三、思維維度：心流狀態是我的日常，透過蕃茄鐘工作術、便利貼日常工作紀錄，以及固定的工作儀式感，我總是可以快速進入工作模式，專心投入。當然，在高強度工作之後，我也會記得放空，用靜坐或轉換環境，甚至露營旅遊的方式，讓自己能恢復，迎接下一個挑戰。

四、精神維度：每一年寫下人生的五十個夢想，讓自己一直朝向理想與願景前進。知道自己的天命，透過天賦影響更多人。讓自己在專業、商業、志業取得平衡。不管是出版了八本書、製作簡報技術與教學技術線上課程，甚至是關於遊戲化教學的學術研究，目的都在於幫助更多人，讓世界因為我而變得更好，也持續讓自己成為一個更好的人。

讀完Hank的書，我才能完整解釋，這幾年我之所以能有這些產出，是因為我在無形中已經做好了「精力管理」的這四個維度。當然不只是我，Hank本身更是精力管理最棒的示範，連我都還沒完成的鐵人二二六公里挑戰，他也一次就達成了！在事業經營、影響力擴增以及專業產出上，Hank絕對是比我有過之而無不及。看了這本書，我也跟著Hank學習到許多。

如果你也想要有效產出、過上更好的人生，而不是每天只是忙忙忙，累得半死卻什麼都沒有；也許你久缺的，就是「高效又快樂的人生管理術」，只要你做好「精力管理」的四大思維，不只高效、還會快樂哦！這些系統性方法對我很有幫助，相信對你也是！我誠摯推薦！

▼王姿儀／新澤企管顧問公司執行長

我和Hank哥是在多年前一場書粉聯盟的品酒會活動上認識的，「高效管理大師」是我對他的深刻印象。在這個瞬息萬變且充滿挑戰的時代，如何有效地管理精力，是每一位在商場上拚搏的成功人士必備的技能。我的好友Hank哥正是這方面的佼佼者，他不僅在職業生涯中屢創佳績，更是精力管理的實踐者和倡導者。

身為企業講師、培訓公司創辦人，他深知現代人在繁忙的工作與生活壓力下進行精力管理的重要性。他的經驗告訴我們，成功不僅僅是努力工作的結果，更在於如何聰明地運用精力去應對每日的挑戰。他透過親身實踐，成功結合體能、情緒、思維、精神四個維度的精力管理，創造出令人稱羨的生活品質與工作表現。

我有幸在多年的友誼中見證他如何將精力管理的理念融入生活，無論是在職場上的決策、領導團隊的智慧，還是在家庭生活中的平衡，他都展現了高度的自律與堅持。他參加馬拉松和鐵人三項的故事讓我深感佩服，這不僅是體能上的挑戰，更是他在自我精力管理上的最佳詮釋。每次與他分享，都能感受到他對精力管理的熱情和實踐的決心，他總是能用簡單實用的方法，幫助身邊的人更好地管理自己的精力狀態。

身為醫療顧問的我，誠摯推薦這本書給所有希望提升生活品質、改善工作效率的醫師們。這本書對醫療工作者的幫助，在於提供實用的精力管理技巧，幫助他們在專業領域和服務品質方面提升競爭力，並在高壓、繁忙的工作環境中保持最佳狀態。透過本書，能有效提升體能、改善情緒穩定性、增強專注力，並找到工作的意義感，進而減少倦怠感和壓力，提升工作效率和生活品質。

相信這本書不僅能啟發你對精力管理的深刻思考，更會成為你日常生活中不可或缺的工具書。想要擁有高品質生活的口訣，就是：「今天，你精力管理了嗎？」共勉之。

▼古秀華／友達光電股份有限公司永續長

我與Hank有多年交情，我一直被他那種自律且充滿熱情的生活方式所吸引。無論是工作或生活，他總能保持充沛的精力，用積極向上的態度影響身邊的人。在他無私的分享過程中，我也成為了其中一名受惠者。

Hank的這本書，核心思想是生活與工作應該是和諧共存的，而非彼此對立的；他透過自身的實踐經驗，向我們展示如何在這兩者之間找到平衡點。書中提到的精力管理不僅僅停留在理論層面，而是透過他在日常生活和工作中的實踐，構建出一套有效的系統。書中提出一個重要的觀念：改變來自於習慣，而非目標的設定。透過詳細的步驟教導讀者如何將精力管理融入日常生活中，並透過反覆的練習，讓這些技巧成為我們生活中的一部分。書中也提到「精力管理」需要從「體能」、「情緒」、「思維」和「精神」這四個維度進行「全方位的平衡與提升」，這些內容也正是他在實踐中不斷探索出的寶貴經驗。

精力並非無限的，而是需要我們透過各種方式積極經營與維護。「身體的精力」來自於健康的生活習慣，例如合理的飲食、規律的運動和充足的休息；「情緒的精力」則來自於積極的情感管理，幫助我們在面對挑戰時保持冷靜與穩定；而「思維和精神層面的精力」更需要我們在工作與生活中找到意義感和價值感，唯有在精神層面找到意義感，當我們的行動與內心的價值觀一致時，精力才真正得以釋放，持久地維持高效狀態。這種觀念不僅適用於工作，也同樣適用於生活中的各個層面。

對於渴望在快節奏的生活中找到平衡與滿足感的人來說，本書有助於找到屬於自己的精力管理方式。

作為多年來從他身上獲得啟發的受惠者，我衷心推薦這本書，並希望讀者都能從中獲益，透過精力管理找到自己的生活平衡點，實現身心靈的全面發展。

▼宋怡慧／作家、丹鳳高中圖書館主任

偶爾，你會覺得生活好像卡關了，思緒不再清晰，決策不再果斷，甚至連身體都亮起紅燈，連朗晴的心態也漸漸陰鬱起來。這時候似乎意味著你可能是「精力管理」出現了問題。

還記得小時候，母親曾叮嚀我：四季的遞嬗自有其運行的道理，合乎時宜地休養生息、飲膳睡眠，這都是常保安康的人生法則。如今，對應這本書提出的四個維度：體能、情緒、思維和精神，許多觀念恰好不謀而合。

作家馬世芳說：「吃，從來就不只是味覺的饗宴，細火慢燉的還有心靈的溫度。」吃看似簡單，其實一個味道挑起的不只是味蕾的欲望，它喚醒的是塵封的記憶，甚至是重新活絡起來的生命動能，就像本書作者說的「你吃什麼，就像什麼」的觀察。至於情緒維度，則讓我聯想到韓國作家吳秀香談及的人際距離，當我們「學會擁抱不同的情緒，才能獲得真正的快樂」，好好說話，看似容易，做起來確實需要刻意練習。比如，對話的正向情緒，只要內化成行為，就能帶來人際的幸福往復。

在AI席捲的時代，生活節奏彷彿被調至最快速。我們常談時間管理，工作效率，社會情緒，卻忽略了思維維度的觀察。真正讓我們提高做事效能的是專注力。就像我常使用的番茄鐘工作法，讓我在張弛之間，找到持續的專注。看似短暫的放空，卻是工作靈感迸發的重要時刻。至於精神維度，是我特別喜歡的部分，作者提到作家三毛說過：「一個人至少要擁有一個夢想，有一個理由去堅強。」的確，在漫長而奇奧的人生旅程中，沒有夢想的微光，我們就無法擁有源源不斷的精力來探索、感受、創造，甚至是找到屬於生活自在的韻律和節奏。

讀完這本書後，我彷彿重新認識了一個全新的自己。同時，一如我服膺原子習慣的四步驟，當你願意親身嘗試並實踐書中提到的各種方法，比如R90睡眠法、情緒管理技巧、專注力訓練等，就能開始覺察、探索內在與改變外在，甚至尋找到越來越好的自己。

▼吳家德／NU PASTA總經理、職場作家

我與本書作者Hank大叔年紀都已超過半百，所以他書中所寫的內容與觀點，深得我心，也很有共鳴。謝謝時報出版社讓我先睹為快，有榮幸為這本好書寫下推薦序，誠摯感恩。

關於歲月，我會分成三個階段。年輕（三十五歲之前），年長（三十五歲到六十五歲），年老（六十五歲過後）。我自己覺得，人的一生通常在年長時（通常會是在四十歲之後），才會慢慢體會生命的價值與意義，進而開始思考人生，做出有利或是保護自己的行為。

因為此時的身體可能因為在年輕時，過度熬夜操勞，不懂保養休息，產生病痛問題；情緒會遇到包含工作壓力，家庭經濟負擔，以及長輩離世等等的困境；如果沒有處理得宜，就有可能產生更多負能量，讓自己心力交瘁，痛苦不堪。

直到有一天，突然驚覺不對勁，發現人生不是這樣活的，然後深刻與自我對話，開始校準人生方向，寫下人生目標，試圖找出自我的願景與使命，最終活出幸福的人生。

如果你在年輕時，就能洞悉未來，運籌帷幄，生活順風順水，我真心讚嘆你，你絕對

是一位智者。如果你在步入中年之後，發現人生需要爬梳整理，卻找不到好方法，建議你閱讀這本書，書中的行動建議非常實用。如果你已步入老年，更需要把這本書看完通透，你會倒吃甘蔗，越走越順。

人活著，本應快樂。不快樂，一定有原因。書中的四大維度，教會你快樂的法門。翻閱它，必受惠。

▼周振驊／燒賣研究所共同創辦人／校長

高效率一直是許多工作者追求的目標。在電商教育的十年間，我遇過數以萬計的學員，包括行銷人、顧問與品牌經營者，他們都期望在瞬息萬變的市場中成為獨當一面的專業人才。為了幫助他們達成目標，我推出了一系列課程，內容涵蓋賺錢的數位工具與商業技能。

然而，我也看到許多人和我一樣，即使取得了不錯的成就，卻感到日益疲憊。常見的現象包括：訂了很多目標卻難以實現，購買了大量書籍卻無法深入閱讀，工作後感到精疲力盡，幾年過去仍感覺原地踏步。我曾嘗試用時間管理、專案管理與目標管理來解決這些問題，但效果不如預期，甚至因情緒問題影響到團隊士氣。

直到我讀了Hank的這本書，才發現真正的解答。高效率不是單純的量化問題，而是一種質化的提升。以睡眠為例，過去我經常熬夜工作，試圖以假期長睡來彌補，然而這種方式顯然無效。Hank在書中提到「咖啡鐘」與「R90睡眠法」，這些方法是針對商業人士的需求，強調靈活應用，而非僅僅要求規律作息。

我認識Hank已近二十年，他一直是令人敬佩的對象，不僅是成功的企業家，還能平衡工作與生活，實現多項目標。閱讀他的書時，我深感驚訝，原來他的成功來自於精力管理的實踐。

本書強調以結構化的方式提升整體能量，讓你在工作與生活中充滿熱情。我誠心推薦這本書給那些想提升工作效率、改善生活品質的人，尤其是那些感到忙碌卻無法實現目標的朋友。相信我，這本書會改變你的人生。

▼高丹琳／遠雄人壽人資長

Hank大叔除了身為太毅國際顧問執行長和台灣最大讀書會社群「書粉聯盟」創辦人的工作成就，最讓人羨慕的是，他看起來比十年前更年輕，且生活精彩萬分！光是去年第四季，看到他完成了超級鐵人二二六公里、中國戈壁馬拉松一百公里，還帶同事出國看極光十七天，這些成就讓人望塵莫及。

看了這本書，讓我重新燃起希望，擁有精彩生活不再是遙不可及的夢想，而是可以透過科學管理方法實現的目標。Hank大叔將他的親身體驗與多年智慧濃縮在這本易於上手、內容豐富且實用的書中。

本書從精力管理的簡易自我檢核開始，引導讀者認識自己，並練習各方面的精力管理技能。無論是體能、情緒、思維還是精神層面，讀者都能隨時掌握，從而更好地安排自己的人生，實現所念所想。書中提供了許多實用技巧和方法，讓人在繁忙的工作和生活中找到平衡，提升精力和效率。

無論是職場新手還是經驗豐富的專業人士，這本書都能提供寶貴的指導和啟發。特別是對於那些在工作倦怠中掙扎的人，這本書更是一本救命指南。如果發現自己陷在工作倦怠的泥沼中，請從今天開始，透過精力管理的四個構面，好好照顧自己，找回生活與工作的平衡。這本書將是我們最好的夥伴，陪伴我們走過每一個挑戰，迎接每一個新的機會。

▼郝旭烈／郝聲音Podcast主持人

很多人常會問我，怎麼樣才能做好「時間管理」？

更多人問我，怎麼樣才可以在排滿事情的行事曆當中，再塞入更多事情，然後把時間做最好的分配？

像這樣的問題，有一個非常核心的基本假設，那就是大家常常聽到的「時間只要擠一擠，還是可以擠出來的。」

但，真的是如此嗎？

認真回想看看，每天早上起床之後踏出家門準備上班的那一個小時，肯定是精神奕奕、活力滿滿，意志力爆棚，一心一意覺得可以征服全世界。

認真回想看看，當完成一天工作，甚至是加班熬夜，離開公司後的那一個小時，肯定是疲憊不堪、精神渙散，意志力薄弱，完全被全世界輾壓得服服貼貼。

同樣的一個小時，早上和晚上有如此大的不同，真的是用「擠一擠」，就可以擠出我們「所想要的時間」嗎？

知名投資創業家李笑來老師，在其著作《通往財富自由之路》裡說道，人生最重要的財富，從來不僅是金錢，而是「注意力」大於「時間」大於「金錢」。

金錢可以越賺越多，時間只會越花越少。而在可支配時間裡，能夠把注意力放在我們真正想要完成的重要事情上，才是人生最大的價值。

有句老話說得好：「時間在哪裡，成就在哪裡。」而這句話裡，時間後面的那三個字「在哪裡」，指的就是我們的「注意力」；更可以說是代表時間品質的「能量」和「精力」。也就是我們常說的「休息，是為了走更長遠的路」。

因此，「時間沒法管，時間只能留」；留下有「精力」的時間，留下有「能量」的時間，才能「管理」人生最重要的任務和追求的夢想。

除了盡力，更要精力。誠摯推薦這本好書，相信一定可以指引並伴隨我們的人生能量滿滿、幸福滿滿。

▼許汶而／台灣首位泳渡英吉利海峽泳手暨氧式運動創辦人

在當今社會中，壓力與焦慮已成為許多人生活的常態。面對繁忙的工作與生活，如何管理自己的精力，讓每一天都充滿活力與意義，成為了許多人共同的追求。這本書正是針對此一需求而寫，為我們提供了全新的視角來理解和提升生活的品質。

身為Hank大叔的游泳教練，我見證了他積極生活的態度，事業有成的同時，也能享受生活、不斷地體驗生命的美好，這無非是做好「精力管理」的最佳證明！

Hank以其豐富的經驗與深厚的理論基礎，深入探討了精力管理的四個關鍵維度：體能、情緒、思維和精神。每一個維度不僅是獨立的，更是相互交織、相輔相成的，這使得讀者能夠全面地理解如何提升自己的生活品質。

在體能方面，作者強調了健康飲食、充足睡眠和適度運動的重要性，這些都是提升我們身體能量的基石。情緒管理則幫助我們認識到情緒對精力的影響，學會識別和調整情緒，讓我們能在逆境中保持積極。

思維的管理則讓我們專注於如何提升專注力和創造力，作者提供了實用的技巧，幫助我們在工作中保持高效。最後，精神維度引導我們探索內心的深處，建立個人的使命感和價值觀，使生活更具意義。

這本書的魅力在於其實用性，無論是職場新人還是成熟的專業人士，都能找到適合自己的方法。作者以生動的案例，激勵讀者將理論付諸實踐，實現自我提升。

本書不僅是一本理論書籍，更是一個實用的指南，幫助我們在忙碌的生活中找到平衡。讓我們一起踏上這段精力管理的旅程，創造屬於自己的豐盛生活。

▼劉靜／HEMC精力管理研究中心首席精力官

我與Hank的相識，大概是在五年前，於北京一間坐落在胡同裡的二層陽光房課堂上。像所有的學習活動一樣，每個人都要自我介紹，我介紹自己是從事「精力管理」研究的。課後，Hank就主動來找我，表示對「精力管理」的好奇並決定認證我們的課程。

一開始我是有疑問的，以我的職業敏感性來看，他給我的初印象，身體健碩、主動積極、神情專注、充滿熱情，這妥妥就是一名精力高手的狀態，還需要學習嗎？況且他還是一位在培訓界見多識廣、戰果爍爍的老炮，還要來和我們這些小輩一起上課嗎？

後來，Hank跟我講了他想學習精力管理的初心，又講了發生在他身上很多浴火重生、精力蛻變的故事，我才知道他的生活本身就是一部精力管理的教科書。他是精力管理的大寶藏，能夠有他加入共同推動中國精力管理的發展，是我們的榮幸。

如今這本書的誕生，不僅僅是一本關於精力管理的手冊，更是他多年生活智慧與實踐經驗的結晶。作為他的同修，我見證了他如何將精力管理的科學原則，如飲食、情緒、睡眠、休息、專注等全新的精力管理理念，升級應用到工作生活中，助力他擁有更加高效、健康、幸福的體驗。

我想要分享的不僅僅是一本書的推薦，更是對一位卓越人士的致敬。一位卓越的企業執行長，他的人生旅程充滿了非凡的挑戰與成就。他不僅在商業界取得了令人羨慕的戰績，更是在體能與意志的極限挑戰中，如鐵人三項二二六公里和眾多馬拉松賽事中，用精力管理賦能，完成了很多人不可能完成的任務。

他用自己的故事告訴我們，無論年紀如何，無論面對何種挑戰，只要有正確的方法和堅定的意志，我們都能成為自己生命的主宰。透過這本書，你獲得的不僅僅是知識，更是一種力量，一種讓你在面對生活挑戰時更加從容不迫的力量。

本書不僅適合那些希望提高工作效率的專業人士，也適合那些希望改善生活品質的普通讀者。我相信，當你翻開這本手冊，每個人都能找到升級自己的精力管理之道，從而在忙碌的生活中找到平衡，實現更加富足且有意義的人生。

願精力管理的路上，我們一起同行！

前言

活出精力管理的實踐者

「管理能量，而非時間，是高效表現和個人更新的關鍵。」

——《用對能量，你就不會累》（*The Power of Full Engagement*）

在這個充滿挑戰的時代，你是否曾感到筋疲力盡，難以應對生活的壓力？若是如此，那麼很幸運地，這本與精力管理有關的指南，將引導你深入了解如何擺脫疲憊的枷鎖，成為生活的無敵主宰。

輕巧改變人生的實用技巧

這幾年來，朋友們都知道我在實踐精力管理，因此經常有各行各業、不同層級的朋友找我諮詢與分享。我並非提供過於嚴肅的硬知識，而是透過探訪各類型工作模式的人們和不同階層的職場夥伴，深入了解他們所面臨的各種精力浪費和困境，再分享我對精力管理的學習和經驗，並提供最佳實務應對方法和有效技巧。

首先，你需要給自己一個重新開始的機會，以嶄新的視角看待這個世界，宛如重新展開一段新生活。只要你時時懷抱這個念頭，我就能協助你啟動它。

本書中融合了懶人專屬的高效技巧，因為我深信工作不應該讓你筋疲力盡；有時候，懶人才是最聰明的工作者。

活出精力管理的實踐者

我朋友是網際網路產業公司的人資長，她有一次對我說：「精力管理也太難了吧！你是培訓公司創辦人、企業講師以及讀書會社群的經營者，應該只有像你這樣的人，才能做到有效的精力管理。」但多數人所不知道的是，透過精力管理的方法，每個人都有機會產生多一點的餘裕和時間，來豐富自己的人生。

身為一個大叔，除了專業領域上的追求，我同時也是鐵人三項和馬拉松的愛好者，不僅完成了超級鐵人二二六公里和戈壁一百公里馬拉松，對於生活上的追求也不馬虎。我曾在一年內前往日本旅行三次；參加法國波爾多紅酒馬拉松，在過程中品嚐了二十二杯紅酒；帶領公司夥伴走訪歐洲，追逐了半個月的極光；同游在菲律賓的鯨鯊和東京灣的鎚頭鯊之間。

我想告訴你，我精彩生活的祕訣就是精力管理。我將與你分享我實踐的過程，並以精力管理的實務方法為基礎，教你提升效率、優化時間管理，更好地迎接工作與生活的挑戰。

創造豐盛生活的祕訣

也許你並不想成為一個超級大神，而是期待在勝任工作之餘，還能體驗更多人生的美好，或者透過斜槓的方式，將自己的興趣發展成人生的第二曲線。

在開始學習精力管理之前，我們必須先正確看待精力管理，不將其視為與生俱來的能力，而是一種可以學習的技藝。

精力是生活的動力引擎，可以推動你應對日常挑戰、產生實現夢想的動能。精力管理則是透過主動調整自己來掌控精力，確保自己可維持高效能狀態。

精力可分為**體能**、**情緒**、**思維和精神**這四個構面，因此，補充精力不僅僅是吃飯、睡覺和鍛鍊身體，還包括情緒上的愉悅、思維上的專注，以及精神上的充實。

過去，我曾是拚命工作的奴隸，深刻體會在城市叢林中奔波的辛苦。在四十二歲時做了健康檢查，得知主動脈血管老化到五十二歲，這迫使我反思生活節奏。我內心深感還有眾多夢想待實現，需要繼續領導團隊奮戰、照顧家庭與親友。然而，我卻已經提早油盡燈枯。

於是，我開始思索如何調整生活節奏，並透過學習新知識，從多個層面重新檢視日常生活，而這驅動我踏上通往精力管理的實踐之旅。

我開始放下夜生活，設定睡眠鬧鐘，養成晨練的習慣，週末爬山或騎自行車，參加心靈成長的團體，學會控制情緒，並透過對自我內在的覺察來安排工作節奏。

六年後，我從虛胖的身材轉變為結實的業餘運動愛好者。再次進行健康檢查後，驚喜地發現血管年紀降至四十二歲。這深深激勵我更積極追求夢想，為人們和世界做出有意義的貢獻。

「時間比金錢有價值，你可以更有錢，但你沒辦法更有時間。」

——美國企業家吉姆・羅恩（Jim Rohn）

遇見第二人生的使命感召

我先前在北京結識了中國精力管理研究中心的執行長劉靜，我們在一個公開班成為同學，她向我介紹了精力管理這門學問，而我聽完後便立刻表達深入學習探討的意願。

劉靜執行長當時對我說，我已經是「活出來的精力管理者」，絕對有資格成為他們的代言人。於是，他邀請我參與他們的精力管理課程認證，成為他們的授課講師，更廣泛地推廣精力管理。這也開啟我進一步學習和實踐精力管理之旅，不再僅限於追求學分的學習。

也許你曾在清晨與鬧鐘對罵、掙扎著爬不起來，別擔心，本書將教你如何在每一天都愉悅地迎接令人振奮的新開始。

又或者，你不想再被拖延症所困擾，希望能在短時間內完成驚人的工作。這些並非夢想，而是接下來即將揭示的超效能工作法。

改變來自習慣，而非目標的設定

在本書中，我會運用原子習慣的模式，教你將精力管理更有效地融入日常生活，就像學習騎自行車一樣，即使多年未嘗試，只要再次上車，你就能輕鬆開始騎行。

學習精力管理的時候，即便剛開始可能不太熟悉，但透過刻意練習，你將熟練地掌握這項技能。你將覺得精力管理就像呼吸一般簡單，也能在職場和生活中輕鬆自如地運用精力，維持高效的工作和生活狀態。

從此以後，你可以像我一樣練習精力管理的各方面技能，隨時掌握自己的精力狀態，更好地安排人生，將所念所想付諸實現。

專注力的基礎來自於精力管理

如今，時間管理的主流觀念已轉向認為專注力時間的管理，才是真正的時間管理。唯有保持充沛的精力，才能專注地創造更具創意和價值的事物。

我的生命歷程隨著歲月累積，角色也不斷增加，從學生到上班族、當上管理者，最後創業成為老闆；在生活中從兒子的角色，成為男朋友的角色，再成為父親，未來還可能成為爺爺。隨著時間推移，我的角色變得更多，挑戰變得更大，責任也變得更重。

相信大部分的人都和我一樣，如果無法持續維持和開發精力，精力將會逐漸減少。因為隨著年齡增長，我們的精力便會逐漸減弱。當我們四十到五十歲時（甚至更早），可能會面臨所謂的黃金交叉，即生活中的精力需求超越了生理上的精力供應，我稱之為「精力逆差」。因此，在這個時代，我們必須提升自己的精力管理技能，才能以充沛的精力應對各種挑戰。

精力管理小試身手

你應該在何時開始進行精力管理？以下是幾個自我檢核的問題，你可以試著回答。如果你的分數未達六分，那麼精力管理就是你必須學習的技術。透過精力管理，你可以創造出更美好、具備更多可能性的人生。

▼精力管理簡易自我檢核

〈體能維度〉

1. 你每週是否有運動至少三十分鐘（心律達到一百三十）？
（是，則得一分；否，則零分）
2. 你每週是否至少有三天可以獲得七至八小時的高品質睡眠？
（是，則得一分；否，則零分）

3. 你的飲食是否均衡，並定期進食？

（是，則得一分；否，則零分）

〈**情緒維度**〉

4. 你是否經常感到壓力或焦慮？

（是，則零分；否，則得一分）

5. 你在面對工作上的挑戰時，是否能保持積極樂觀的態度？

（是，則得一分；否，則零分）

6. 你覺得自己能否有效地管理情緒，避免情緒低落或憤怒？

（是，則得一分；否，則零分）

〈**思維維度**〉

7. 你是否經常感到分心，難以集中精神在手頭的任務上？

（是，則零分；否，則得一分）

8. 你是否定期進行有意識的思維練習，例如發想、規劃或反思？

（是，則得一分；否，則零分）

9. 你是否能有效地平衡工作和個人生活？

（是，則得一分；否，則零分）

〈**精神維度**〉

10. 你是否有一個讓你感到熱情和投入的目標？

（是，則得一分；否，則零分）

11. 你是否定期花時間從事有意義的個人活動？

（是，則得一分；否，則零分）

12. 你是否感到自己的生活有目的，並與自己的核心價值觀一致？
（是，則得一分；否，則零分）

本書透過精力管理的四個構面，展開生活中實際問題和挑戰的情境，以提供大家各種應對的技巧和工具。你將覺得這些情境很熟悉，而我希望透過這些生活場景，你會更能意識到自己該如何準備和運用。

最後，除了協助你成為精力管理的高手，我更期望你能夠擁有這項技術，使你在人生中創造更多的詩和遠方。

Chapter

01

精力管理金字塔——走向巔峰的精力管理核心

「全情投入是能量、專注力和承諾的結合，以實現巔峰表現。」

——《用對能量，你就不會累》

你覺得精力好的人是什麼樣的狀態？
他們有哪些外顯的行為？
你認識這樣的朋友嗎？
或者你就是這樣的人？

一、遊刃有餘地完成工作上的要求。

二、擁有更多餘裕，在日常生活中做自己想做的事。

三、積極主動，熱愛體驗新事物，對生活充滿熱情，以樂觀態度面對困境。

四、具適應性，靈活處理壓力和挫折，堅持達成目標。

擁有如此狀態的人，通常要不是優秀的領導者、要不就是工作表現出色的人，也可能是能悠閒地掌握生活節奏的人。

過去我曾以為，要成為一個精力旺盛的人，就是要吃好、睡好、經常運動，就能達到這種狀態。但是我發現，即使做到了上述這些事，也沒有辦法讓我在日常生活中隨時擁有良好的精神狀態，更別說在關鍵時刻展現最佳表現。

萬一天生就沒力，怎麼辦？

你可能會以為「精力好」是一種天分，但我可以肯定地告訴你，並不是。因為我以前就是精力不好的人，但我透過精力的管理，達到了現在的狀態。只要你學會科學化的精力管理技巧，將其融入生活習慣，就能發展出良好的精力。就像在健身房鍛鍊肌肉一樣，只要了解並善用適當的訓練方法，肌肉就會自然生長。

如果你是朝九晚五的上班族，要如何擁有足夠的精力，創造下班後的精彩生活？如果你是自由工作者，要怎麼掌握彈性的生活方式，並創造傑出的事業表現？如果你是領導者，熱情和樂觀的情緒將為團隊和公司帶來什麼樣的價值？

身為公司組織的一員，若擁有更多積極的精力，客戶和合作夥伴的感受將會得到多大的提升？當你在早上醒來時，充滿對工作的熱情和對家人的活力，你的狀態將會有何種變革？精力的重要性是十分顯著的，在生活中卻常常被人們忽略。

生命的最終品質並非僅由壽命的長短來衡量，而是由我們如何在有生之年有效地運用自身精力所決定的。實現卓越並非難事，困難的是保持卓越，因為持續卓越的前提，是需要在各方面有效地管理精力。人體是一個龐大而複雜的精力系統，想要展現卓越表現，便需要實現「精力管理狀態」。

許多人認為我天生就是精力充沛的狀態，事實上剛好相反，我正是因為精力不夠用，經常發生精力耗盡的狀況，才會研究精力管理的技術。我在學習精力管理之後，才發現只有單純地提升體能並不夠，其實還有另外三個維度，而這四種精力源缺一不可，皆需要學習和實踐。

我們同時需要在體能、情緒、思維和精神維度上維持精力，而每一種精力源又會對其他三種產生深遠的影響。若丟失其中一種，我們都難以展現出「最好的自己」。

如何開始管理精力？

金字塔模型正好可以具體呈現精力管理的構成，只要理解這個模型，你就知道該如何一步步地改善自己的精力。精力是供給自己做事的能力，其實就像是電動車的電池，帶動引擎讓車子前行。你可以從四個面向檢視自己的精力電池，分別是儲存量、輸出調節、輸出效率、輸出方向。

▼我的電力剩多少%——精力電池的儲存量

精力管理金字塔第一層：體能維度

精力的產生和體能是密切相關的。體能可以說是精力的基礎，就像是電動車的電池系統。

為什麼體能好的人，精力會更旺盛？

由於身體的體能和精神狀態之間存在緊密的相互關係，因此，體能好的人通常精力狀態較佳。以下是一些解釋這種現象的原因：

一、體能好的人通常代謝率高，身體可以更有效地利用能量，提供大腦和器官充足的能量，以保持警覺。

二、運動可以改善心血管系統，促進血液循環，高心肺能力可以使大腦的供血、供氧與供糖更佳，提高效率，減少疲勞。

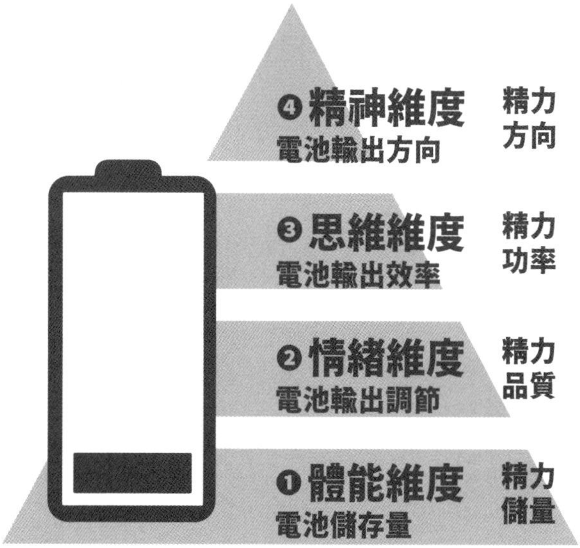

三、運動會釋放多巴胺、腎上腺素等神經傳導物質，可以有效地釋放壓力，減輕焦慮，保持情緒穩定，集中注意力。

四、良好的體能狀態有助於提高睡眠品質，對大腦功能和精神狀態的穩定至關重要。

體能維度是精力金字塔的底座，也是精力管理的基礎，後文再跟大家分享有關如何掌握精力的關鍵技巧，讓自己保持良好的身體狀態。

▼控制不住的情緒波動——精力電池的輸出調節

精力管理金字塔第二層：情緒維度

許多心理學的相關報告都證實，情緒會直接影響我們的記憶力、認知能力和決策力。如果一天的剛開始就發生令人不悅的事，使你感到非常煩躁和後悔，那麼這一天你都會覺得很不開心，做什麼事都沒有心情。相反地，如果一早你就遇到一件令你非常開心的事，心情大好，你便會覺得整天都充滿活力，這就是情緒對精力的影響。

我個人的健身教練是登山和騎行的愛好者，三十出頭，正值人生精力狀態最好的年紀，但他被女朋友甩了之後，連續好幾個禮拜，他與我的一對一課程從談笑風生的精實鍛鍊，變成死氣沉沉的照表操課。你應該跟我一樣能理解他的「為什麼」，而這種情況顯然正是情緒對於個人精力的影響。

美國心理學會（American Psychological Association，簡稱 APA）的研究解釋了情緒對生理及心理健康的影響，並說明情緒與生理狀態密不可分，會影響個體的能量和注意力。當人們感受到興奮或焦慮時，身體會釋放荷爾蒙，這種生理變化會直接影響能量的高低和注意力的集中程度。不僅如此，負面情緒也可能造成注意力分散，使人們更容易分心，難以保持工作的高效率，導致需花更多時間，也需要更多精力來完成工作。

人們曾以為知名藝術家都是在悲慘狀態下產出那些曠世鉅作，但是，經過科學研究的調查與證明，他們都是在人生的高峰產出最有創造力的作品，而非我們所熟知的那些故事。換言之，他們並不是處在其精力狀態的谷底，而是巔峰，也就是處於他們正面情緒非常高漲的時候，創造出那些作品。

因此，如何創造積極的正向情緒，以及排除外在關係所帶來的負面情緒干擾，是我們在情緒維度須建立的最主要的能力與技巧。

▼別當一事無成的八爪章魚——精力電池的輸出效率

精力管理金字塔第三層：思維維度

想像你自己是一台精密的機器，而本書就像是一本使用手冊，教你如何最有效地操作這台機器。

思維維度就像是機器的軟體系統，提供精密的指令，讓你能夠更精準地調校運作，使其在不同情境下都能高效運轉，達到最佳表現，而這會影響你的思考、決策和應對各種挑戰的能力。

透過理解並運用思維維度的技術，你便能更有效地管理與提升心智效能，更好地創造你在關鍵時刻的精力表現。在思維維度，最主要的技術有三項：如何提高專注力、如何擁有創造力，以及如何運用心流狀態。我曾以為自己是多工大師，可以同時應對多重任務，因而引以為傲。我總是清楚知道工作的目標所在，這使我得以打拚出屬於我的職場舞台和生活輪廓。

然而，有一天我發現自己好像撞到了一堵牆，感覺事情沒有以前那麼順利。雖然我知道工作的核心是什麼，但我逐漸意識到，除了那些關鍵的事情之外，其他事情我只能「完成」，卻無法做得很好。

原來，我這種工作方式，讓我在各項工作中只能拿到及格分數。後來，我領悟到，花時間用心專注於某一件事情，可能比同時處理多項任務更能取得良好的成果。

我們的大腦跟世界連接的通道能夠形塑我們的世界，也可以反過來塑造我們自己。沒有專注力，精力狀態就像一台空轉的發電機，無法有效地輸出正確的能量和價值，也就無法達到我們心中預期的成長與目的。

近年來，專注力成為學習圈中的新寵兒，有一句蔚為流行的話：「專注力成為新的專業。」大量暢銷書籍探討如何擁有專注力，而我個人在二〇一七年最愛的書籍即為卡爾・紐波特（Cal Newport）所寫的《Deep Work深度工作力》（*Deep Work*）。

然而，很少有人意識到，專注力也有其盲點和代價。過度專注可能讓我們忽視周遭環境，削弱對外界的觀察和感受，同時抑制我們的自由發想能力。當我們大多數時間都處於高度專注狀態時，雖然精力消耗大增，卻可能無法展現出真正的創造力。因此，專注力的光芒之下，也藏著一些需要注意的陰影。

思維維度的第二個重點是創造力的展現。專注力是讓我們從一到一百的能力，而創造力是讓我們從零到一的能力；這兩種能力我們都需要，但這卻是兩種不同思維狀態下的產物。在後面的章節中，我會特別提供容易上手的簡單技巧。

最後，我也會介紹心流的價值和創造心流的方法，這個技術能讓我們達到超越常人的高生產力表現。心流在全世界都是現階段的顯學，在此我會分享自己如何應用心流的經驗和實際沉澱的技巧。

▼方向對了，就不怕路遠——精力電池的輸出方向

精力管理金字塔第四層：精神維度

精神維度就像我們生命旅程的指南針，為人生旅行者提供方向感。我們的心靈需要找到內在的指引，才能在生活的旅途中找到深層的意義和目標。心靈的能量就像是指南針的磁場，需要受到精神的引導和支持，以確保我們在生命中走向更有深度、更有意義的方向。

誓言「一日不作，一日不食」的慈濟基金會創辦人證嚴法師，這般瘦弱身形的

比丘尼，透過自己精神的力量，傳達願景和使命給成千上萬的信徒，感召他們在全世界各地有危難的地方進行救災工作。

本書要告訴大家的技術，不只能夠讓你成為一位大神，更希望透過這種人人都可以學習的技巧，讓你能夠勝任你的工作，達到你期待的工作表現，提高你的生活幸福感，甚至能讓你挖掘你的價值觀與熱情所在，以發展你人生更多的可能性。

我在此將精神維度分成主要的三個構面：「如何找到天天有助你起床的美好願景」，找尋你嚮往的未來，發現屬於自己的藍圖或景色。「如何找到人生的使命感」，所謂的使命感不一定是要對世界、國家或所在的組織，也可以是為自己找到一個有意義的初心，邁向你認為值得過的人生。「如何挖掘你的價值觀」，讓你的所作所為、所想所思都基於你的價值觀，內外合一，讓你每天都過得精彩紮實。

倘若你能找到你的願景、使命感和價值觀（Vision, Mission, Values，簡稱VMV），就能活出有意義感的人生。意義感不僅是心靈的寶藏，也能為我們的健康帶來深遠的影響。科學研究發現，擁有情感上的滿足感和追求生命意義，能夠促進免疫系統的健康，降低患病風險。

此外，在心理健康方面，擁有意義感的生活方式，能夠減輕焦慮和壓力，降低心理疾病風險，提升心理抵抗力。

▼簡單一點，直接看公式

好的精力是一種寶藏，就像一座堅固嚴實的金字塔。你可以記住一個生活公式：

好的精力＝充沛的體能＋積極正面的情緒

＋可掌控的心理狀態＋明確的意義感

而實踐這個公式，將帶給我們：

- 維持日常的充沛精力
- 關鍵時刻展現良好狀態

聽起來是不是很容易呢？但是，要真正做到，還得付諸行動。

別擔心，本書的目標就是要協助你掌握這些方法、建立這些習慣。

現在，讓我們開始改善你的體能，一起探索如何在生活中注入更多活力吧！

「嘗試做一些你不精通的事，否則你永遠不會成長。」

——美國思想家拉爾夫・愛默生（Ralph Waldo Emerson）

圖解本章要點

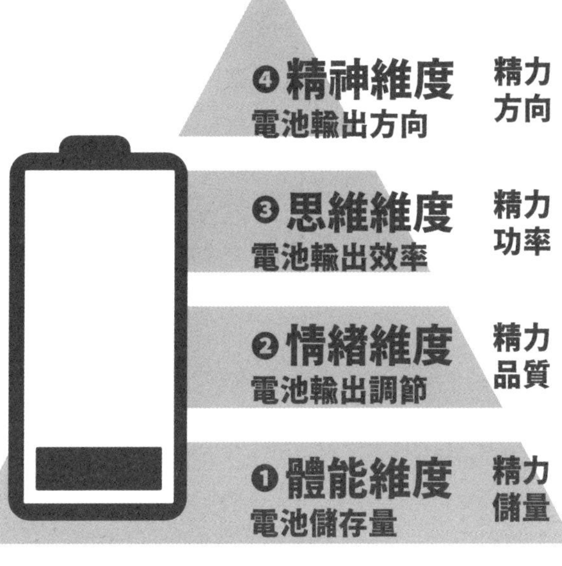

好的精力＝

充沛體力 ＋ 正面情緒 ＋ 掌控心理 ＋ 明確意義

你燃燒殆盡了嗎——襲捲個體與組織的Burnout颶風

「在未來很長一段時間內，最重要的不是你今天成功，而是你是否準備好迎接明天。」

——Hank大叔

一到夏天就進入飛航模式

在非營利組織TED，放暑假是一種風格。從七月底到八月初，你可能會發現TED網站上不會有新的影片，因為他們的員工正在「休假」。

商業雜誌《快公司》（*Fast Company*）的資深編輯艾瑞兒．舒瓦茲（Ariel Schwartz）在某一次訪談中，與TED的執行製作人瓊．柯恩（June Cohen）聯繫時，提及這一點。柯恩解釋了TED為何要打破傳統，實行全公司「夏季停工」的暑假政策。

她說，計劃一趟旅行並不容易，而且，如果有什麼突發事件，大家也會傾向於取消計畫。

這就是為什麼他們制定了強制休息時間的原因。這項政策對於提高生產力和幸福感都非常重要。

柯恩指出，人們喜歡在夏天旅行，但辦公室一直都在運作，所以員工們必須輪流請長假。既然如此，為什麼不讓大家一起開心地放暑假呢？柯恩表示，在放暑假之前和之後，辦公室的生產力都非常高。

「集體放暑假會帶來高效能的生產力，我們所有人都按照相同的時間表工作。當假期結束，人們回到辦公室時，每個人都會感到精力充沛、士氣高昂。這對團隊有益，也對公司業務有益。」當然，一些技術人員和對外合作的團隊在全體員工放假時，仍需要留在辦公室工作，以確保網站運作正常，並且及時回應合作夥伴。

柯恩表示，她會將TED的強制休假政策推薦給其他公司，因為這不僅對員工有好處，而且對士氣、生產力和快樂的氛圍都有積極正向的影響。她說：「集體放暑假的效果超乎預期。想像一下，放兩個星期的假，不用收電子郵件、停止一切工作，你會有多麼放鬆呢？」

精力總有燒完的一天

TED為何要推動這番有趣、又帶著風險的員工福利政策？主因在於，在競爭激烈的商業環境中，企業常常將焦點放在提高生產力和創造利潤上，但卻忽視了一個至關重要的因素——員工的精力管理。據統計，全球每年因為工作壓力所導致的健康問題，以及由此引發的生產力損失，都在不斷增加。讓我們回顧二〇二三年的數據：全球有超過五〇%的員工，回報自己經歷了工作壓力所導致的工作倦怠（burnout），而此一數字還在不斷攀升中。＊

▼工程師家豪沒有說出口的那些話

家豪是竹科知名ＩＣ設計公司的高階工程師，多年來表現優異，突然間卻開始出現明顯的疲勞和情緒低落。他的工作品質下降，與同事之間的溝通也變得冷

＊工作倦怠（burnout）的定義：世界衛生組織宣布「工作倦怠」仍屬於「職業現象」，這代表人們可以因為工作倦怠去尋求醫療幫助，但工作倦怠本身並不被認定為疾病。工作倦怠的定義為「長期處於工作壓力之下，卻無法成功處理的一種症候群」，其中包括下列三項症狀：一、覺得缺乏活力及精疲力竭。二、無法與工作產生心理連結，對工作產生負面想法或憤世嫉俗。三、工作效率降低。

漠。最終，家豪不得不選擇「安靜離職」（quiet quitting），只完成工作上的最低要求，因為他感覺自己徹底被工作壓垮了。這不僅損害了公司的聲譽，還造成了大量的人力和財力損失。

當家豪的老闆來找我諮詢時，考量到組織的軟硬體龐大且複雜，我實在沒辦法一招就解決整個組織的問題。基於我個人隸屬組織、協助組織、經營組織等過往的經驗，建議企業組織可以參考以下兩個步驟：

一、組織必須透過精力管理的四大維度評估同仁的現況，找出大多數同仁的強項和弱項。

二、組織提供精力管理相關的學習管道，讓同仁掌握精力管理的基礎知識，並搭配企業年度訓練規劃的安排，針對同仁測評結果的弱項，進行有效賦能。

▼「降本增效」真的有效嗎？

在桃園一家跨國的製造業公司中，管理層忽視了員工的精力管理問題，將全部注意力放在提高產量和降低成本上。然而，由於員工經常加班、工作壓力過大，導致工作效率下降，生產線出現了頻繁的故障和品質問題。最終，企業不得不面對嚴重的生產延誤和客戶投訴，造成了巨大的經濟損失。

高壓工作狀態是現代生活中普遍存在的問題，而企業的成功往往取決於員工的精力和活力。但是，根據最新的調查數據顯示，全球有超過七〇%的員工表示他們在工作中感到壓力過大，而其中約有一半的人因此感到「工作倦怠」。這些令人擔憂的數字提醒我們，協助員工釋放壓力、維持其身心平衡、認真關注其精力管理問題，成為目前企業在缺工時代最主要的議題之一。

全面啟動——如何點燃精力管理的四大維度

精力管理的兩大宗師分別是東尼．史瓦茲（Tony Schwartz）和吉姆．洛爾（Jim Loeher），他們也是《用對能量，你就不會累》（*The Power of Full Engagement*）的作者。他們強調工作倦怠和精力管理之間存在密切的關聯性，必須透過循序漸進地管理能量（而非時間），以提高工作和生活的績效。他們同時也提出善用精力管理來應對組織的工作倦怠現象，其中值得探討的議題包括：

一、精力管理對於預防和應對工作倦怠的有效性。
二、如何在工作和生活中實踐精力管理的技巧。
三、不同文化背景下精力管理的差異性。
四、精力管理與工作績效、員工幸福感之間的關係。

現在，讓我們來探討工作倦怠和精力管理之間，四個維度相對的關聯性：

一、身體能量 vs 體能維度

工作倦怠通常與身體疲勞、能量耗盡有關。長期的工作壓力和缺乏休息，會導致身體能量耗竭，進而引發工作倦怠。

精力管理強調了身體的重要性，包括適當的休息、運動、飲食和睡眠。透過這些方法，我們可以增加身體能量，減少工作倦怠的風險。

二、情緒能量 vs 情緒維度

工作倦怠通常伴隨著情緒的消耗，例如焦慮、挫折感和憤怒。這些情緒不僅會影響工作表現，還可能導致身心健康問題。

精力管理強調情緒的重要性，包括情緒管理、建立正向情緒和培養同理心，有助於提高情緒能量，減少工作倦怠的風險。

三、心理能量 vs 思維維度

工作倦怠可能與專注力不足、創造力下降和無法應對壓力有關。

精力管理鼓勵培養專注力、理性樂觀和創造力，以增加心理能量，幫助我們更好地應對工作和生活。

四、精神能量 vs 精神維度

精神能量與我們的價值觀、目標和動力有關。工作倦怠可能使我們失去對工作和生活的意義感。

精力管理強調了明確的目標、價值觀和自我激勵，有助於增加精神能量，減少工作倦怠的風險。

從個人精力管理到組織精力管理

精力管理不僅關乎個人的健康和幸福，更與組織發展息息相關。企業中的主管、團隊領導人、經理人等等，常常面臨著巨大的壓力。他們既要承擔上層交付的任務，又要帶領並發展自己的團隊。在這樣的夾縫中，如何有效地管理精力，對於管理者本人和組織都是相當重要的議題。

▼精力管理的重要性

精力管理不僅僅是個人健康和幸福的基石，更是企業長期發展和競爭力的關鍵。一家注重精力管理的企業，能夠有效減少員工的倦怠，提升滿意度和忠誠度，同時增強團隊的創造力和績效。對於團隊管理者而言，掌握並推動精力管理，更有助於達成業務目標，提升整體工作效率。

▼培養領導者的精力管理技能

身為團隊管理者，必須注重培養自己的精力管理技能。領導者應以身作則，成為員工的榜樣，帶領團隊共同追求工作與生活的平衡。這不僅有助於提升團隊的凝聚力，還能促進員工的全方位發展，從而實現更高的績效表現。

▼共創共贏的工作環境

總而言之，員工的精力管理是企業長期發展和競爭力的關鍵因素。團隊管理者需要重視並推動精力管理措施，從而提升團隊的生產力和工作績效，實現企業與員工的共贏。讓我們共同努力，打造一個關懷員工、促進共同成長的工作環境，為企業的可持續發展貢獻力量。

圖解本章要點

" Burnout "
缺乏活力、精疲力竭、
對工作產生負面想法、
工作效率降低
• 長時間工作壓力
• 缺乏休息
• 身體疲勞
• 能量耗盡
身體
能量
適當休息、運動
飲食、睡眠
• 情緒消耗
－焦慮
－挫折感
－憤怒
情緒
能量
情緒管理、
建立正向情緒、
培養同理心
• 專注力不足
• 創造力下降
• 無法應對壓力
心理
能量
培養專注力、
理性樂觀、
創造力
• 價值觀迷失
• 失去目標
• 缺乏動力
精神
能量
明確目標、
價值觀、
自我激勵

Part 1

體能維度——為身體充電

PHYSICAL DIMENSION

許多人誤以為我是個精力充沛的大叔，專門教授精力管理，但事實與想像完全相反。過去，我常感到精力不足，被過多的追求和欲望所困擾，經常陷入精疲力竭的狀態。

因此，我開始專注於研究精力管理的技巧，並認真地實踐。這樣的努力讓我真正理解了精力管理的核心意義和實踐方法。

精力管理好比是電池的容量管理。我們的體能高低程度受到先天身體素質和基因的影響，因此每個人的情況各不相同，有些人天生精力充沛，有些人則容易能量耗竭。

然而，與電池相似，隨著時間的推移，體能的容量也會逐漸下降。因此，我們更需要謹慎管理與維護生理狀態。

這一部要談的是體能的三個構面，分別是飲食、睡眠和運動，只要提升這三個構面，便會增強我們精力的生成和恢復速度。

關於飲食構面，我並不是營養學的專家，但我想告訴你如何透過飲食來強化精力，讓你能夠更快地生成精力並恢復良好狀態，進而提高生命韌性。

關於睡眠構面，我雖不是睡眠的專家，但我會告訴你如何善用精力管理的策略來提升睡眠品質。

關於運動構面，我不是職業運動員，也不是教練，但我知道如何透過運動來提升你的能量狀態，養成運動習慣，以優化整體的精力展現。

善用這三個構面的技能，有助於增強我們精力的生成和恢復。

Chapter

03

你吃什麼，就像什麼——體能維度的飲食實踐

「人如其食。」——Hank 大叔

飲食和精力之間的連結十分緊密，有一句英語俗諺叫做「You are what you eat」，也就是「你吃什麼，就像什麼」。

這不僅關乎你的體型，更關乎你的精神狀態。你可能認為，飲食管理對於職業運動員而言是必要的，但對於一般上班、上課的普通人來說，真的需要特別注意飲食嗎？其實這個問題值得深思。

我們不只是談如何保持體型，更重要的是你的整體狀態。也許你覺得自己不是職業運動員，所以不需要在飲食上花心思，但這種想法並不完全正確。事實上，透過飲食調整，你可以顯著提升你的能量和表現。

我們將從能量的角度（而非健康的角度）來看待飲食，但這兩者密切相關。接下來的內容並不是教你如何變瘦或追求完美身材，而是告訴你如何透過飲食管理，保持充沛的精力。

不僅要管理時間，還要管理能量

在飲食方面，我們要學習哪些原則與知識，以便長期保有良好的精力狀態？

我發現那些擁有充沛精力的人，都是能夠堅持飲食原則的人，而他們通常也更有能力在現實生活中堅持這些方法。對於像我這樣熱愛美食的人來說，要堅持這些原則確實有一定難度，但只要能逐步建立良好的習慣並遵循這些原則，就會感受到更多能量。要如何透過調整飲食來提升能量和表現？一開始必須先了解關於飲食和精力管理的主要認知，包含以下三個條件：

- 體能表現
- 身體機能
- 身體復原能力

基本上，以上三個條件，與「飲食」皆有相當重要的關係。

能量飲食與體能表現

▼跑著跑著突然就走不動了

我年輕時在金門當兵，每天晨跑五公里，覺得狀態很好，十分有自信。四十二歲開始跑馬拉松時，才明白當兵時的跑步只是小兒科。全程馬拉松是四十二公里，是當兵時跑步距離的八倍，而這讓我開始研究能量補給的重要性。除了水和電解質，攝取碳水化合物才能提供持久的能量。千萬不要小看這些知識，正是因為有其幫助，我才能在五十歲後順利完成超級鐵人二二六公里，以及戈壁沙漠一百公里馬拉松。

要維持好的精力狀態，需要即時攝取能量，不能等到虛弱或飢餓時才補給。我們必須制定個人化的補給計畫，根據自身狀況做調整。

在工作上也是同樣的道理，如果你想在關鍵時刻達成完美表現，就需要有能量管理計畫。例如，在例行會議和重要提案前，所需的能量準備不同。這正是飲食管理可以帶來的精力提升。為了保持專注力，並解決任務和挑戰，我們需要隨時保持充足的能量。我們必須掌握個人的進食時間，不能等到飢餓時才吃。精力管理在飲食方面的關鍵價值，就是能量飲食與身體機能的關聯。我們的身體如同高性能引擎，飲食正是它的燃料。

均衡飲食與身體機能

▼吃得飽不如吃得均衡

現代人的飲食普遍充足，但營養均衡才是關鍵。過度攝取或偏食會導致身體負擔和疲勞，進而影響精力表現。

飲食不均衡的主要原因包括：

一、攝取過多糖分和脂肪。現代飲食中的精製糖和脂肪含量高，比如糖果、甜點和炸物。忙碌的生活方式導致上班族常吃高糖和澱粉的外食，營養失衡。

二、蛋白質攝取不足。忙碌的上班族常依賴速食或外食，導致蛋白質攝取不足。蛋白質對肌肉生長、修復和免疫系統至關重要。

三、缺乏蔬果攝取。現代人普遍蔬果攝取不足，缺乏維生素和礦物質。建議忙碌時選擇便利商店的沙拉或水果，以補充必要營養。

四、飲食作息不規律。上班族因工作忙碌而飲食作息不規律，造成營養不均衡。「要錢不要命」的想法已經出局了，現今主流觀念是生活與工作平衡。

飲食營養與身體復原

▼就算是鐵打的身體也會壞

身為精力管理專家，我經常與上班族接觸，了解他們在工作和生活中面臨的各種挑戰。現代職場的高度競爭和工作壓力導致身心俱疲，影響復原能力。長時間坐辦公室、缺乏運動和休息，加上不規律飲食和睡眠不足，都會削弱身體的復原能力。

飲食不僅會影響能量高低，還會影響身體的復原能力。注重攝取有助於復原的營養素，可以加速身體修復，縮短疲勞時間，保持良好狀態。

提高復原能力的建議包括均衡飲食、適量蛋白質攝取、控制碳水化合物，以及多喝水。此外，以下建議也很重要：

一、攝取 Omega-3 脂肪酸，有助於骨骼修復、減少肌肉痠痛。鮭魚、鯖魚和亞麻籽油是良好的來源。

二、補充益生菌，可以維持腸道健康、提高免疫力。優格、味噌和泡菜等發酵食品，以及益生菌補充劑，都是不錯的選擇。

三、多吃水果、綠茶和堅果，可以保護身體細胞免受損傷，維持細胞年輕、有活力。

如何有效地吃出充沛精力

從飲食的角度來說，其中最為關鍵的策略就是**維持血糖穩定**。透過以下三個行動分享，你將能掌握在關鍵時刻擁有良好精力狀態的祕訣。

▼行動一：攝取低GI食物，保持穩定精力

要創造良好的精力狀態，控制血糖是關鍵。血液中的葡萄糖是人體的主要能量來源，從呼吸、心跳、大腦思考到運動，都仰賴葡萄糖。因此，維持適當的血糖濃度是保持精力的基礎。

如果你是容易發福的體質，請記得「選擇食物比節食來得更容易且有效」。

許多人努力節食，雖然吃得少，但攝取的全都是高GI（glycemic index，意為升糖指數）食物，長久下來還是難以見到成

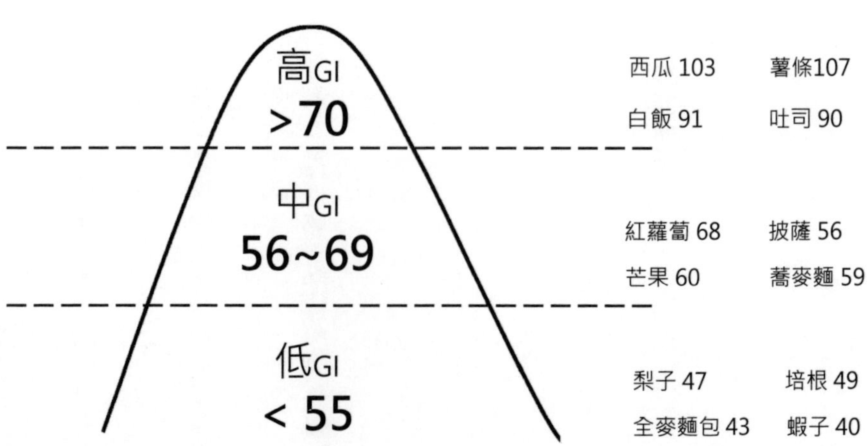

➡ 圖表資料來源請見注釋。*

效。這是因為高ＧＩ食物會造成血糖快速飆升，隨之而來的是身體大量釋放胰島素，讓血糖迅速下降，並產生飢餓感。就像平時我們如果前一餐吃了過多的碳水化合物，在下一次進食之前，那種飢餓感會特別強烈一樣。想要維持血糖穩定，選擇低ＧＩ食物是關鍵。ＧＩ值可以協助我們評估食物在體內分解成葡萄糖的速度，數值越高，轉化速度越快。選擇正確的食物，可以減少飢餓感和挫敗感，讓能量平穩釋放，保持良好的精力狀態。

---

* 圖表資料來源：https://sw.tygh.mohw.gov.tw/?aid=509&pid=96&page_name=detail&iid=9；https://health99.hpa.gov.tw/material/4341；https://www2.cch.org.tw/UploadFile/2675/%E7%87%9F%E9%A4%8A%E5%AD%A3%E5%88%8A%E7%AC%AC48%E6%9C%9F.pdf。常見食物的 GI 對照表：https://iscope.com.tw/2019/08/21/%E6%83%B3%E8%A6%81%E6%B8%9B%E9%87%8D%EF%BC%8C%E6%87%89%E8%A9%B2%E7%94%A8%E4%BD%8E%E7%86%B1%E9%87%8F%EF%BC%9F%E9%82%84%E6%98%AF%E4%BD%8Egi%E9%A3%9F%E7%89%A9%EF%BC%9F/；https://glycemicindex.com/。

▼行動二：提高蛋白質攝取，打造均衡飲食

增加蛋白質攝取（特別是早餐和午餐）是提升精力的重要策略。適量攝取蛋白質可以幫助維持和修復肌肉，也有助於穩定血糖。穩定的血糖指數，可以防止血糖迅速下降所導致的疲勞以及精力減少。根據每個人不同的體重和生活方式，建議一般上班族每日應攝取的蛋白質，可以用自身體重乘以一．二至一．四（單位為公克）；若有增加肌肉量的需求，或是本身從事高強度運動者，則乘以一．四至二．〇（單位為公克）。例如：一個七十公斤的成年男性，將體重七十公斤乘以一．二，最終會獲得一天要攝取的蛋白質，約八十四公克。

如果你覺得每次吃飯都要計算蛋白質攝取量，實在是太麻煩了，也可以採用**二一一餐盤法**。二一一餐盤法是將每餐分成三部分：二分之一是蔬菜和水果（以蔬菜為主），四分之一是蛋白質（如肉類、豆類或豆腐），最後四分之一是碳水化合物（如米飯、麵食或全穀類）。這類型的營養組成，可以提供我們所需的膳食纖維、

蛋白質、碳水化合物、維生素和礦物質，幫助我們在每餐中均衡攝取兩份蔬菜、一份蛋白質和一份碳水化合物，從而維持良好的精力狀態。

Hank 大叔的小撇步

你可以找出自己平常喜歡吃的高蛋白質食物，常備在身邊。舉例來說，我很喜歡吃溏心蛋和毛豆，就會在家裡和公司安排妥當，讓自己隨時都能取得這兩樣食物。如果沒有好的低GI食物或高蛋白質食物，我就會優先攝取這兩種食物，而這大大降

➔ 211 餐盤法。

低了我因為飢餓而去便利商店買泡麵或精緻麵包的可能性。

▼行動三：少量多餐，維持血糖穩定

在現代工作與生活中，少量多餐已經成為減少血糖波動的有效方法。傳統的一日三餐逐漸變成了五餐，以避免餐與餐的間隔時間過長，導致血糖大起大落。長時間工作會讓你感到強烈飢餓，進而快速大量進食，這不僅會引發血糖飆升、胰島素大量分泌，還可能將多餘的葡萄糖轉化為脂肪。

為了減少血糖波動，我們可以在固定的

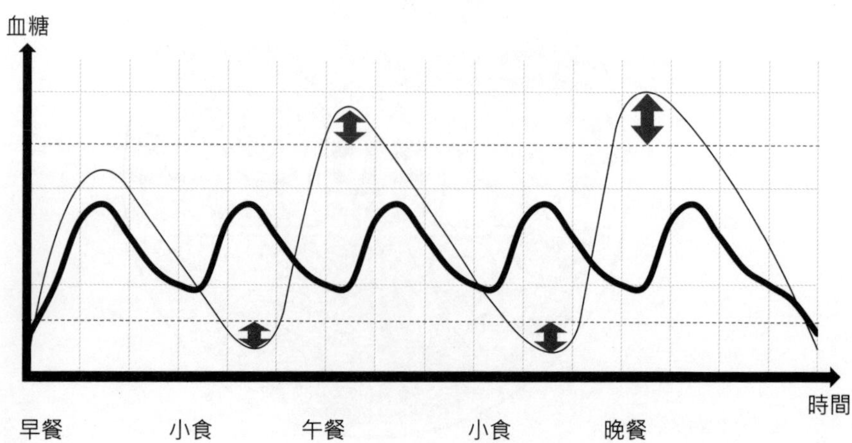

三餐之外進行加餐。關於加餐的選擇，建議可以考慮堅果、水果或蔬菜沙拉，這些食物在便利商店就能輕鬆取得。一般三餐的選擇，則是建議少吃碳水化合物、多吃蔬菜，因為碳水化合物容易讓血糖快速上升，但蔬菜不會。

喝水也會影響精力狀態

▼沒有感覺到口渴，但其實身體早就已經渴了

飲水對於身體的新陳代謝和能量高低有著重要的促進作用，身體的七〇%是由水組成，大腦更高達八〇%。許多人在感到疲勞時，其實並非真正疲勞，而是因為缺水所致。

舉例來說，在夏季時出外活動，即使沒有口渴的感覺，但卻可能會感到頭暈或

疲憊，這其實正是缺水的表現。因此，定期補充水分有助於減少因缺水而引起的疲勞感。

正確的飲水量是根據你的體重來計算，每日需求量是你的體重（公斤）乘以三十二（毫升），例如，六十四公斤的人每天需喝約二千毫升的水。此外，還有兩個小技巧：首先，在用餐前喝五百毫升的水可以減少飢餓感，進而控制飲食量；其次，每次飲水不要超過五百毫升，因為一次攝入超過這個量的水無法被有效吸收。

「吃得好，不如吃得巧。」——Hank大叔

圖解本章要點

❶ 能量飲食－及時攝取
- 掌握個人進食時間
- 關鍵時刻補充能量

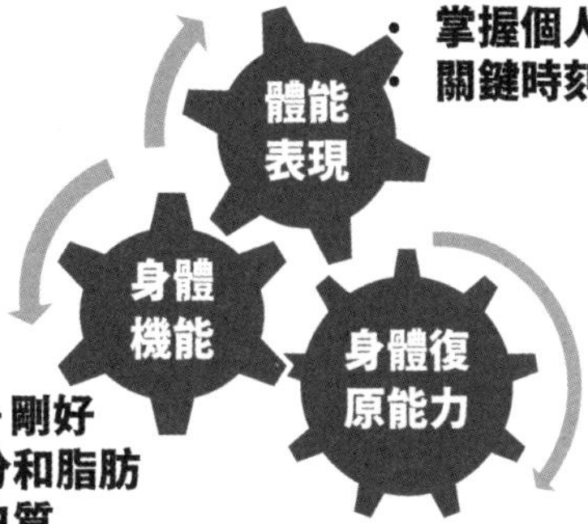
體能
表現
身體
機能
身體復
原能力

❷ 均衡飲食－剛好
- 適當的糖分和脂肪
- 足量的蛋白質
- 必要的蔬果攝取

❸ 飲食營養－特定補充
譬如：
- Omega-3脂肪酸：鮭魚
- 發酵食品：優酪乳
- 抗氧化食品：水果

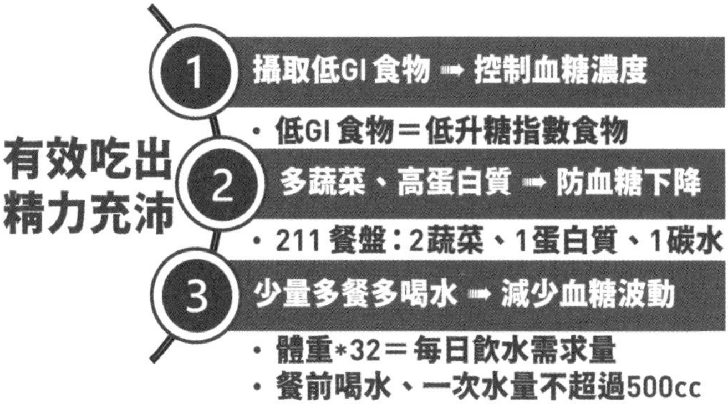
有效吃出
精力充沛
1
攝取低GI食物 ➡ 控制血糖濃度
・低GI食物＝低升糖指數食物
2
多蔬菜、高蛋白質 ➡ 防血糖下降
・211餐盤：2蔬菜、1蛋白質、1碳水
3
少量多餐多喝水 ➡ 減少血糖波動
・體重*32＝每日飲水需求量
・餐前喝水、一次水量不超過500cc

行動建議

一、多選擇低GI食物，如全穀類和綠色蔬菜，可避免血糖於短時間內快速升降。

二、每餐確保攝取足夠的蛋白質（尤其是早餐、午餐），有助維持血糖穩定、修復肌肉、防止身體疲勞和精力下降。

三、在三餐之間增加健康的加餐，如堅果、水果或蔬菜沙拉，可保持血糖穩定波動，維持精力能量。

■延伸思考

一、哪些飲食方式可以幫助我們在需要高強度創意工作的日子裡，保持頭腦清晰和靈感不斷？

二、有哪些簡單且方便的飲食選擇，可以幫助我們在忙碌的工作中保持營養均衡？

三、如何制定可行的計畫來確保自己有時間進行運動、休息和健康飲食，從而在工作和家庭中保持最佳狀態？

Chapter

04

CP值最高的保健方法——好好睡覺

「睡眠是最好的冥想。」——藏傳佛教領袖達賴喇嘛

你有多久沒有好好睡覺了？

如果有一種神奇藥物能提升記憶力、激發創意，同時減少貪吃欲望、維持健康體態，增強免疫力、預防癌症，還能減低心臟病與中風風險，甚至改善心情、減少憂鬱和焦慮，你會不會考慮購買？其實，這種包羅萬象的靈丹妙藥早就存在了，它

不是什麼神奇藥丸，而是睡眠。

康乃爾大學的研究小組調查了數百名美國上班族，向他們提供了兩個選擇：第一，每年賺八萬美元，正常工時，每晚約八小時睡眠；第二，每年賺十四萬美元，經常加班，每晚僅睡六小時。最後的結果可想而知，大多數人選擇了第二種，追求更高的薪水和更短的睡眠。

然而，事實上，睡眠與工作或學習，在本質上並不是可互換的選項。睡眠是一，而吃飯、運動、工作和娛樂都是跟在這個一後面的零。如果沒有前面的一，後面就算有再多的零也無法成立。睡眠是所有活動的基礎。

單就睡眠本身來看，似乎是一項不划算的生理活動。我們在睡覺時不能覓食、社交或尋找伴侶。更糟的是，睡眠增加了受傷的風險，例如原始人在野外入睡可能成為猛獸的獵物。所以，睡覺看似並未帶來實質利益，甚至還需付出代價。若睡眠沒有提供重要功能，自然界的進化應該傾向避免睡覺，就如一位科學家所言：「如果睡眠沒有提供任何關鍵性的重要功能，那就是進化犯下的最大錯誤。」但是，睡眠還是持續存在，因此肯定得有什麼作用吧。那麼，我們為什麼要睡覺？睡眠對我們到底有什麼用呢？

睡眠不足遠比你想得更嚴重

根據哈佛大學的調查，睡眠不足對腦部的影響是不可忽視的。近年來的研究表明，在學習後的睡眠有助於記憶的儲存，在學習之前的良好睡眠甚至也能準備好你的大腦，使其更好地吸收新知識。相對而言，缺乏睡眠會導致腦中的記憶迴路變得像是濕海綿，無法有效吸收新的記憶。更深入地觀察之後，研究人員對海馬迴進行了實驗，結果發現擁有一整夜充足睡眠的人，其海馬迴顯示出健康、與學習相關的活動，而睡眠被剝奪的人身上則難以找到這些信號。這解釋了為什麼缺乏睡眠對學習和記憶的影響會如此嚴重。

不僅如此，睡眠不足還會對身體的其他系統造成傷害。研究發現，每晚只睡四小時，會使免疫系統中的自然殺手細胞活動力降低七〇%，這是我們防禦身體內外威脅的特殊細胞。此外，睡眠不足與心血管系統的關聯也十分重大，單單一個小時的差別就能影響心臟病發的風險。

這些研究還指出，缺乏睡眠可能增加罹患癌症的風險，特別是大腸癌、前列腺癌和乳癌。世界衛生組織甚至將夜班工作列為可能的致癌因子，因為它完全打亂了正常的睡眠與清醒節奏。

沒睡好覺，大腦可能真的會運作不了

大腦消耗了人體的四〇%能量，體積卻只有人體的二%，是非常精巧的器官。大腦無法放進淋巴系統裡，由於大腦沒有淋巴腺，因此無法通過淋巴來清理。大腦有其經營模式，透過腦脊髓液來清洗腦中的廢物，沿著大腦的血管外圍進行清洗，而這個清洗的過程在睡覺的時候才會發生。乙型澱粉樣蛋白是造成阿茲海默症的一種成因，而造成乙型澱粉樣蛋白的原因，是因為我們睡不好或睡眠不足，導致腦脊髓液無法在腦中進行腦細胞之間的大量清洗。以上來自哈佛大學的醫學研究，強調了睡眠對一般人的重要性。

睡眠與精力管理之間有什麼關係？

接下來，我們要進一步探討睡眠和精力管理之間的密切關聯，說明睡眠不足可能導致精力不足，並在幾個重要層面造成重大的相互影響：

一、能量供應：良好的睡眠是提供身體和大腦所需能量的主要來源。缺乏充足的睡眠可能導致能量供應不足，進而影響精力高低。

二、注意力和專注力：優質的睡眠有助於維持注意力、提高專注力。反之，睡眠不足可能導致分心、注意力不集中，影響精力的有效運用。

三、反應速度：充足的睡眠有助於保持神經系統正常運作，提高反應速度。睡眠不足則可能導致反應遲緩，影響精力充沛感。

四、情緒穩定性：充足的睡眠有助於維持情緒穩定性。睡眠不足可能導致情緒波動，進而影響精力的投入度。

總結而言，睡眠和精力管理之間存在緊密的相互關係。建立良好的睡眠習慣，對於提高精力和有效管理精力至為重要。透過保持規律的睡眠時間、改善睡眠品質，以及善用精力管理技巧，可以有效提升整體生活品質和工作效率。

Hank大叔的睡眠小撇步

我個人實踐並證實了以下關於睡眠的小撇步皆十分有效，有助你擁有優質的睡眠習慣，促進良好的生物鐘調整。下列為五項專業建議：

一、固定的睡眠時間：無論你是夜鶯型或雲雀型（詳見下一章節），建議每天保持固定的睡眠時間，這對於調整生物鐘、提升整體睡眠品質至關重要。我的小祕訣是採用雙鐘制度，除了起床鬧鐘之外，睡覺也要訂鬧鐘，而且需要兩個，一用於提醒準備睡覺，另一用於準備入睡，以確保自己有足夠的時間準備進入休息狀態。

二、睡前的儀式感：建立有效的睡前習慣，如遠離螢幕、沐浴或冥想，以改善入睡品質，使入睡過程更加自然且舒適。我的小祕訣是塗抹精油在枕頭上，再躺著冥想五至十分鐘。

三、維持適當的睡眠環境：睡眠環境的建構對睡眠品質的影響十分重大，應保持臥室的安靜、陰暗和涼爽。我的小祕訣是講究五感。視覺：關掉所有光源，尤其是藍光。觸覺：室溫要在攝氏二十二度至二十五度，如果特別沒有睡意的話，可以特意將溫度調低至二十度以下。聽覺：盡可能沒有聲音，或者有些微弱的白噪音。嗅覺：有些清新的味道，如野外的花草氣味。味覺：許多人說褪黑激素補充劑很有效，但在台灣需要有醫師的處方箋才可以取得，因此一般人可以吃色氨酸含量高的食物，包括豆類、小米、優格、海鮮等等。

四、建立日間運動的習慣：培養日間運動習慣，但應避免在睡前進行劇烈運動，要確保身體在入睡時能夠自然放鬆。我的小祕訣是白天在戶外進行運動，增加日晒時間，提高褪黑激素的分泌，有利於調整睡眠品質。

五、壓力和焦慮的管理：透過冥想、深呼吸或有效的溝通方式，積極管理壓力和焦慮，有助於營造放鬆的心境。情緒管理對於提升睡眠品質而言非常重要，要學習建立正向的精神狀態。我的小祕訣是只要察覺有心事，可能會干擾我入睡，就起身將這件事記在行事曆上，並新增提醒的鬧鐘。

休息是為了走更長遠的路

就像人們選擇更高薪水、更少睡眠的選項一樣，我們總是傾向於追求快節奏的生活，卻忽略了這個神奇的養生之道：睡眠。如果你問我食補好、運動好，還是睡覺比較好？我會跟你說：藥補不如食補，食補不如運動補，而運動補不如睡一覺來得補。睡眠不僅是一種休息，更是一場能量的蓄積，讓我們在白天能夠頭腦清晰、充滿精力地面對一切。

「睡眠和休息喪失了時間，卻取得了明天工作的精力。」——毛澤東

圖解本章要點

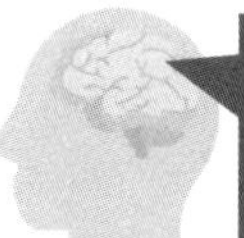

睡眠不足會影響
能量提供、注意力與專注力、反應速度、情緒穩定性

日間運動	準備提醒	安排環境	睡前儀式	丟出煩惱

Hank大叔的睡眠小撇步
➡ 調整生物鐘、建立良好睡眠習慣的五項建議

❶ 固定的睡眠時間
設定鬧鐘提醒

雙鐘制度：提醒回家準備睡覺／準備入睡

❷ 有效的睡前儀式感
遠離螢幕、沐浴或冥想

離開干擾源：抹精油在枕上，做5~10分鐘冥想

❸ 適當的睡眠環境
臥室的安靜、陰暗涼爽

調整五感體驗：去藍光、室溫22~25度、白噪音、清新味道、色胺酸食物等

❹ 日間運動習慣養成
避免睡前劇烈運動

提高褪黑激素分泌：增加戶外運動與日晒時間

❺ 壓力跟焦慮的管理
冥想、深呼吸、有效溝通

丟出腦海：心中有事就起身記在行事曆，並設提醒

行動建議

一、優先考慮充足睡眠：無論生活多麼忙碌，都應該將充足的睡眠當作日常優先事項，以確保健康和生活品質。

二、創造健康的睡眠環境：花時間創造有利於睡眠的環境，包括舒適的床墊、適宜的室溫，以及減少光汙染和噪音。

三、建立固定的睡眠和起床時間：維持固定的睡眠日程以調節生物鐘，即使在週末也不例外，有助於改善睡眠品質和整體健康。

■延伸思考

一、如何平衡職業上的不定時工作與保持充足睡眠的需求？

二、公司推行彈性工作制度時，如何調整自我管理策略，以確保不因彈性時間而導致工作侵蝕私人生活和睡眠時間？

三、如何在高壓工作環境中維護睡眠品質，特別是當工作要求與家庭責任發生衝突的時候？

Chapter

05

生理時鐘早就被摔得稀巴爛——戰術性休息

「睡眠和休息不僅是生理需求，更是智慧的泉源。」——Hank大叔

我就是起不來

「六點三十分、六點四十分、六點五十分、七點整……嗶嗶嗶！」

這個聲音對很多人來說，是每天早晨的第一道聲響，準時地、無情地提醒：「該起床了。」糾結地想要繼續將鬧鐘按掉，可無奈上班不能遲到，回想起昨天晚

上本來只想要再多追一集，結果不小心變成一集又一集，明明才剛睡著，鬧鐘就馬上響起……。俗話說「早睡早起身體好」，但對一般人來說，這根本就是詛咒，道理都知道，就是做不到。

你是否也曾經與鬧鐘大戰？在這一章，我不會告訴你要如何打勝仗，而是教你如何讓鬧鐘成為你每天的最佳搭檔！

如果你也認為「早睡早起身體好」是一個基本的健康概念，那麼以下內容可能會稍微顛覆你原本的認知。

早睡早起，一定會身體好嗎？

美國的暢銷作家丹尼爾・品克（Daniel Pink）在其著作《什麼時候是好時候》（*When: The Scientific Secrets of Perfect Timing*）中提到，人類不應該只信奉早睡早起。

從生物學的角度來看，在遠古時期的部落生活中，如果族人們皆早睡早起，夜晚無人看守，則無法抵禦野獸攻擊；如果族人們晚睡晚起，黎明時分的防衛會有漏洞，便會成為隱憂，其他部落可能趁機前來侵略。因此，一個部落若要長期發展並生存下去，需要有人早起、也需要有人晚起，日夜輪流看守，以防被敵人或野獸攻擊。

人類天生或許有不同的作息模式，而生物學的研究也支持此一說法，認為人類天生就有三種類型，第一種是較早醒來的雲雀型（Lark），第二種是較晚睡的貓頭鷹型（Owl），以及內在生物時鐘較靈活彈性的第三型（Third Bird）。

以下三個簡單問題，可以協助你簡易地快速判斷，自己屬於哪一種類型：

一、你更容易在一天內的哪一個時間點，專心地閱讀完一篇文章或一本書的章節？

二、過去七天內，你是否感受到自己有明顯的活動高峰期和低谷期？分別是在哪些時候？

三、平日睡覺時間和起床時間的睡眠中間點是幾點？

藉由掌握不同類型的作息模式，可以發現「早睡早起身體好」並非完全適用於每個人的黃金法則，其中更為關鍵的是找到與自己相匹配的生物時鐘，讓自己能在高效時段裡發揮最佳狀態。

如果你是貓頭鷹型的人，那麼晚上工作或選擇夜班的工作，可能會更適合你。不過多數人在現實生活中往往難以立即改變工作模式，這時候就可以試試看「R90睡眠法」。

一直以來，你可能都睡錯了——戰術一「R90睡眠法」

國際知名體壇睡眠教練尼克．力特赫斯（Nick Littlehales）在其著作《世界第一的R90高效睡眠法》（*Sleep: The Myth of 8 Hours, the Power of Naps and the New Plan to Recharge Your Body and Mind*）中分享，一般人在睡眠的過程中，主要可分為以下四個階段：淺睡眠（N1）、稍深睡眠（N2）、深睡眠（N3）、快速動眼期（REM）睡眠。從N1到REM結束，是一個完整的睡眠週期，時間約為九十分鐘，就是俗稱的R90睡眠法。

如果在深睡眠期突然被喚醒，大多數人起床後會感到特別疲憊，彷彿只是身體離開了床，但大腦還沒開機，站起來就東倒西歪。從R90睡眠法的角度來看，最理想的起床時機是在一個完整的睡眠週期結束時醒來，這時候會感覺到大腦已獲得充分休息以及滿足感。

了解睡眠週期之後，就有機會調配出較為理想的睡眠方式。舉例來說，如果你明天早上六點半要起床，但是今天因為工作應酬，回到家時已經午夜十二點，你預估即使以最快的速度刷牙洗澡，上床睡覺時也應該將近凌晨一點。這時候該如何善用R90睡眠法？你可以利用R90睡眠法，回推最佳入眠時間點，以一個睡眠循環九十分鐘計算，最佳的睡眠時間點應該是晚上十一點（五個循環、七個半小時），其次是十二點半（四個循環、六個小時），以此類推就是凌晨兩點。接下來，你便能從容地進行你的睡前步驟，放鬆地準備睡覺。如此一來，你不僅能在該起床的時間起床，甚至會比你在凌晨一點躺下睡覺來得更有精神、狀態更好。

現在，我們來做一個簡單的小測驗：

近期有越來越多人開始跑馬拉松，比賽準時在六點半開跑，考量到身體消化吸收的時間，建議跑者最晚需要在四點半前完成進食，也就是跑者最晚需要在四點的時候起床。綜上所述，請問跑者為了保持狀態，建議的最佳入眠時間點會是幾點？

(A) 凌晨一點半
(B) 午夜十二點半
(C) 午夜十二點
(D) 晚上十一點半

R90睡眠法有機會能讓你隔天醒來時，不那麼無精打采，然而，如果長期睡眠時數皆少於四個睡眠循環（六小時），還是有可能造成慢性疲勞等相關問題。

（備註：前述小測驗的答案是(D)晚上十一點半。）

原來喝咖啡還是睡得著——戰術二「咖啡鐘」

現代人於忙碌的生活中，總是有接獲重要專案和緊急任務的時刻。當你不得不加班、犧牲寶貴的休息時間，導致疲憊不堪時，在此分享一個簡單實用的小技巧——你可以在中午時段為自己安排一個「咖啡鐘」！

科學研究發現，睡午覺的行為，確實會讓大腦產生一種類似重新啟動的過程。最佳的午睡時間建議是在十五分鐘到二十分鐘內，一旦午睡超過四十分鐘，大腦就會從淺睡眠進入深睡眠，並處於休息狀態；若我們直接從休息狀態醒來，往往會格外疲憊。為了避免這種情況，你可以採取「咖啡鐘」休息法，也就是在準備午休之前先喝一杯咖啡。

在正常情況下，咖啡因在人體內發揮提神效果的時間約為二十分鐘，所以，等到咖啡因開始發揮效用的時候醒來，精神會相對更好，同時也能避免午睡太久的問題。

大多數人容易聚焦在雕塑身型、鍛鍊身體等議題，卻忽略了「好好休息」的重要性。然而，擁有良好的身心狀態才是維持健康、保持精力的基礎核心。

在這個快速變遷的年代，有太多新奇有趣的事物，讓我們眼花撩亂，不想休息。相較於一九四二年美國人平均每天睡七．九小時，如今已降至六．八小時，甚至可能更少。

我們或許難以解決普遍睡不飽的現況，也無法阻擋外界的誘惑，但可以透過精力管理的方法、睡眠小技巧等應用，**使我們在繁忙的生活節奏裡，也能在關鍵時刻展現最佳狀態**，隨時為自己準備好備用方案。

睡眠與精力管理的關聯，在此用兩個章節的篇幅來跟大家分享，第四章跟精力的穩定輸出有關，讓你可以**隨時保有良好的精力狀態，更妥善地面對長期挑戰的工作模式**。第五章則是透過簡單的戰術技巧，讓你**在人生的關鍵時刻，展現傑出的精力表現**。

下次當你一不小心又追劇到凌晨三、四點，而你幾個小時後馬上就要向主管進行業績彙報或年度專案簡報，這時候你所需要的就是睡眠的精力管理。

「睡眠是片段的死亡，是我們借用以維持並更新日間所消耗的生命。」

——德國哲學家叔本華（Arthur Schopenhauer）

圖解本章要點

生理時鐘

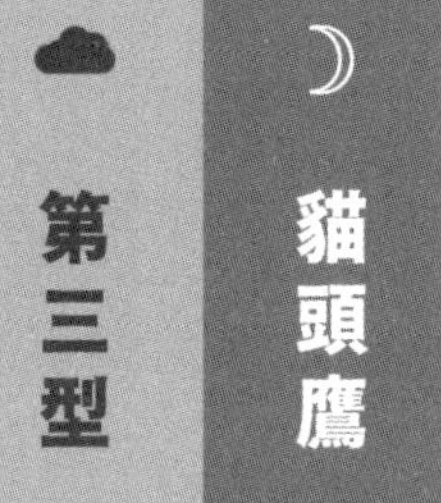

簡單判斷原則

- 哪個時間點容易專注閱讀？
- 過去七天內的活動高峰期、低谷期的分布時間點？
- 睡覺跟起床時間的中間點是幾點？

➡ 讓身體與大腦保持精力狀態

戰術一：日常睡眠 R90 高效睡眠法	戰術二：午間休息 咖啡鐘
利用睡眠週期調整狀態	利用咖啡設定自然鬧鐘
• 完整週期N1 → REM 大約90分鐘	• 咖啡因發揮提神效果的時間，約爲20分鐘
• 用需要的起床時間往前推算最佳睡眠時間	• 在準備午休之前，喝一杯咖啡
• 每天最好不低於四個睡眠循環（六小時）	• 短暫休息之後，精神恢復得更好

行動建議

一、了解自己的生物時鐘：根據自身的生物時鐘類型，調整工作和休息時間，以提高日常生活的效率和生活品質。

二、實踐Ｒ90睡眠法：根據自己的作息時間來規劃睡眠，尋找最佳入睡時間點，以確保可以在一個完整的睡眠週期結束時醒來。

三、使用咖啡鐘休息法：需要短暫休息時，試試在小憩前飲用一杯咖啡，利用咖啡因的延時效應，使你在午休之後能更快恢復精神。

■延伸思考

一、如何在不規則的工作時段中維持一套健康的生理時鐘？

二、如何有效地使用休息來提高工作效率，應對緊急臨時的案件？

三、如何在高壓的工作環境中實施戰術性休息的方法，以防止工作倦怠並提升生活品質？

Chapter

06

我還年輕，我還年輕——用運動改造大腦

「要克服運動的挑戰，不僅需要明白其價值，更需要實際行動。」

——Hank 大叔

在我三十八歲時，中年危機如期而至，明顯的徵兆是長時間超時工作所帶來的極度疲勞感。即便每天被夢想喚醒，但我的精力似乎僅足夠供應到午餐前。午餐後，我就開始在開會時打哈欠，一直到近晚餐時。我剛開始並未特別注意到發生了什麼事，只是感到極度疲勞，也試圖尋找其他解決方案。健康報告沒有太多異常，

但我發現自己已不再像年輕時一覺醒來就能消除疲勞。

我開始從一般人無法堅持運動的挑戰中找出有效的對策，也於過程中嘗試各種營養品和保健品，但親身經歷告訴我，這些效果大概只能維持一至三個月。一開始感到精力充沛，但很快就會下降，兩、三個月後，我又陷入了下午時段的哈欠拉力賽。就這樣拖了三、四年，直到我四十二歲時的健康檢查。

健康檢查包括主動脈和頸動脈的硬化指數檢測。醫生在討論我的日程、作息和飲食習慣時，嚴肅地告訴我：「你必須調整飲食、維持正常作息，並開始鍛鍊，不然你很快就會有大麻煩出現。」考慮到我的年紀、家庭，還有一整間公司需要我的帶領，我絕不能在這時候倒下。

所有打不倒你的，終將使你更強大

從那時起，我開始計畫性地運動。從快走開始，每天早上在社區裡快走一小時，慢慢增加到可以跑完五公里。九個月後，我完成了人生的初次全程馬拉松。在開始運動的第六個月，我意識到下午再也沒有打哈欠的現象。從那時開始，運動成為我日常生活中，和吃飯、睡覺一樣不可或缺的一部分。

到了四十六歲的健康檢查，也就是跑步的第四年，我做了主動脈和頸動脈的硬化指數檢測。檢測的結果讓醫生非常訝異，他說我的血管年齡是四十二歲，過了四年，我的血管逆齡了十歲，他大大地恭喜了我。這個轉變證明了運動對我的健康帶來的深遠影響。

世界衛生組織（WHO）曾經發表多項關於運動對心血管健康的研究和指南，其中一份重要的研究是二〇一〇年的《全球健康體能活動的建議》（Global Recommendations on Physical Activity for Health）。

該研究的主要目的是在全球範圍內提供有關運動對健康的建議，特別是與心血管健康相關的建議。報告指出，成年人每週應進行至少一百五十分鐘的中等強度有氧運動，或每週至少七十五分鐘的高強度有氧運動，或結合中等和高強度運動。此外，每週應包括至少兩次強度適中的肌肉鍛鍊。

研究結果確立了適當運動對心血管健康的積極影響。定期進行適度的運動可降低心臟病、中風、高血壓等心血管疾病的風險。此外，運動有助於維持健康體重、促進血糖代謝、降低膽固醇指數，進而改善整體心血管系統的功能。

我的中年危機故事，突顯了運動與健康和精力狀態的密切關聯。這不僅體現在心血管健康上，也在許多方面實現了顯著的改善和全面性提升。

運動與精力密不可分

運動之於精力管理，具有極為重要的關聯性。主要有六個原因：

一、提高身體能量和耐力：定期有氧運動有助於提高體能維度的精力水準，使你在職場和生活中更有耐力。例如，每天早晨慢跑、快走或騎自行車，能增強心臟和肺部功能，也能提高血液中的含氧量以及多巴胺分泌，有助於提升一整天的精力。

二、減輕壓力和焦慮：運動會釋放體內的腦內啡，有助於減輕壓力和焦慮感，提高情緒維度的精力表現。例如，參加瑜伽課程或慢跑，能夠在繁忙的工作中提供片刻的心靈寧靜。

三、改善睡眠品質：規律的運動與更好的睡眠品質有關。例如，每天晚上進行輕度伸展或冥想，能夠促進良好的睡眠。

四、提升記憶力和專注力：運動有助於改善大腦的認知功能，提升思維維度的精力狀態。《運動改造大腦：活化憂鬱腦、預防失智腦，IQ和EQ大進步的關鍵》（*Spark: The Revolutionary New Science of Exercise and the Brain*）一書中，深入探討了運動對大腦功能和心理健康的積極影響。約翰．瑞提（John J. Ratey）博士強調了運動對提升學習力、情緒調節和抗壓能力的重要性，也能促進神經元生長、改善記憶力和注意力，以及運動對心理疾病治療的效果。例如，午休時間進行短暫的運動，有助於提高下午的工作效率。

五、提高自信和心理幸福感：運動會釋放多巴胺，有助於提高自信和心理幸福感。例如，參與團隊運動活動，能夠在成功完成任務時燃起自信心。

六、加強社交聯繫：參加健身社群或運動團體，有助於擴展社交圈，提高生活滿足感。例如，參加健身俱樂部的定期活動，與志同道合的人建立友誼。

不當勵志電影的大主角，Hank大叔教你成為不一樣的小人物

你有沒有看過一部名為《熱辣滾燙》的電影？戲中主角在生活中缺乏目標和動力，既沒有工作，也不喜歡社交，但卻在一次偶然的機會下，被拳擊運動所激勵，逐漸改變了自己的生活方式和身體狀態。主角除了白天上班，其餘時間都在運動和鍛鍊，沒有社交活動、約會聚餐、在家發懶等等。如此的生活模式，其實絕大多數人都難以做到，而Hank大叔要教你的方法，則能讓你有機會在方方面面都取得平衡，進而享受多采多姿的生活。

▼太忙、沒時間運動？

面對運動的挑戰時，理解運動對精力的重要性以及接受運動的必要性只是一個開始。實際上，最大的挑戰之一，是如何在繁忙的日程中建立規律的運動習慣。

我希望透過子彈思考整理術的方法來為大家助推一把。以下是我蒐集的四個常見挑戰，以及對應的解決方法：

一、時間不足：繁忙的工作日程使得上班族感到時間緊迫，難以找出適合的時段進行運動。

．對策一：制定週計畫，每天固定安排運動時間，例如早上起床或下班後，讓運動成為例行公事。

．對策二：利用午休時間進行簡易的散步、HIIT高強度間歇訓練或伸展運動，提升活力。

二、缺乏動力：長時間的工作可能導致大腦和身體的疲憊，使得上班族缺乏運動的動機。

．對策一：運動社交化，邀請同事或朋友參與，每次都拍照打卡，增加互相鼓勵的動力。

・對策二：找到喜歡的運動方式，慢跑、游泳或瑜伽等，提高動力。

三、工作壓力大：高度的工作壓力可能使得上班族忽視自己的健康需求，或是將運動視為次要或可有可無的活動。

・對策一：讓運動遊戲化，與同事或朋友合作或競爭，建立小型運動挑戰，紓解負面情緒。

・對策二：定期舉行快樂舞動時光，播放歡快音樂，與同事一同跟著音樂搖擺身體，放鬆心情。

四、缺乏運動環境：工作場所附近可能缺乏合適的運動場地或設施，限制了上班族的運動選擇。

・對策一：在辦公座位進行簡單的運動，如腿部伸展、手臂運動，並安排固定時間做一些動作，短暫休息。

．對策二：應用HIIT高強度間歇訓練，只需要短時間，也能在辦公室內完成，例如快速的深蹲、仰臥起坐。

要克服運動的挑戰，不僅需要明白其價值，更需要實際行動。透過固定時間、社交化、遊戲化和運動環境的改善，可以克服常見的運動障礙，使運動成為生活中不可或缺的一部分。

「深窺自己的心，而後發覺一切的奇蹟在你自己。」

——英國哲學家法蘭西斯．培根（Francis Bacon）

圖解本章要點

世界衛生組織
2010全球健康體能活動的建議

- 至少150分鐘中強度有氧運動或至少75分鐘高強度有氧運動
- 2次強度適中肌肉訓練

Hank 教你在繁忙日程中建立規律的運動習慣

固定時段

- 制定週計畫：固定時間安排
  - 早上起床或下班後
- 利用午休時間：做簡單伸展
  - 散步、伸展運動

分享動態

- 運動社交化
  - 邀請參與、拍照打卡
- 挑選喜歡的方式
  - 慢跑、游泳、瑜伽等

增加趣味

- 運動遊戲化
  - 跟同事競爭建立小型挑戰
- 定期舉行快樂舞動時光
  - 播放歡快音樂

降低難度

- 辦公桌簡單運動
  - 腿部伸展、手臂運動
- 使用 HIIT 高強度間歇訓練
  - 快速深蹲、仰臥起坐

行動建議

一、定期健康檢查：定期體檢可於早期發現潛在健康問題，及時調整生活和工作習慣，以避免可能的健康危機。

二、將運動納入日常生活：不論多忙碌，都應該將運動當作日常生活的一部分，就像吃飯和睡覺一樣，以保持身體和精神的活力。

三、增強心血管健康：透過有氧運動等方式強化心血管系統，長期堅持便能逆轉血管老化，降低心血管疾病的風險。

■延伸思考

一、如何在不規律的忙碌工作中，建立規律的運動習慣？

二、如何透過運動來改善壓力大的工作狀態，並提升專注力？

三、工作環境缺乏運動設施，如何在辦公室內利用有限時間進行簡單運動？

Chapter

07

體能維度其實是個漢堡

「健身不但對你的身體有好處，也對你的頭腦有好處。」

——高爾夫球職業選手羅伊・麥克羅伊（Rory McIlroy）

體能維度包含了睡眠、飲食和運動的模組，就像是一份豪華漢堡的三個主要成分。

睡眠是其中不可或缺的上下兩片麵包，更是建構健康基礎的重要元素。沒有充足的睡眠，就像是一份灑落一地的青菜炒肉絲，缺少了漢堡的完整性。因此，要成為更好的自己，良好的睡眠是必不可少的第一步。

飲食也扮演著關鍵角色，就像是漢堡中的肉和各種蔬菜、配菜，提供我們所需的各種營養和能量來源。蛋白質是肌肉生長的基石，碳水化合物則是我們獲取能量的主要來源。此外，蔬菜和水果含有豐富的維生素、礦物質和抗氧化劑，有助於保持皮膚的健康和美好。因此，透過合理的飲食搭配，我們能夠全面地擁有各種精力的來源，並滿足生長和生活所需的營養需求。

運動就像是漢堡裡的醬料，賦予你與眾不同的個性特質。透過運動的方式和強度，你可以成為各種形象，例如身材勻稱的女性、肌肉強健的男性，或是擁有健康曲線的人。這些形象的塑造取決於運動鍛鍊對身體肌肉、脂肪分布和外表線條的影響。除此之外，運動還能提升自信心，

讓你展現更加光彩照人的性格特質。

你擁有足夠的能量以迎接挑戰嗎？

在這個競爭激烈的世界中，我們需要保持充沛的精力，以應對壓力、保持專注力、激發創造力，並維持身體健康。

我認為運動是精力管理的祕密武器，因為它不僅可以改變我們的容貌和狀態，還可以保持健康，更可以影響我們的情緒、壓力程度和生活滿足感。本章將以實際的個案說明，教你如何從不滿意的現況出發，透過計畫和方法，成為你想要成為的人，並利用運動習慣來提高你的能量水準。

被壓力跟房貸夾擊的冠宇

我在教練職涯中，曾指導過一位名叫冠宇的人，他是我學生時代好兄弟的小舅子，在新竹科學園區的Design House公司工作。因為四十出頭的他看起來已經像五、六十歲的大叔，我的兄弟看不下去，就請他來找我諮詢，希望我能提供量身訂製的精力管理建議和計畫。

我和冠宇見面後，先深入了解他的情況。他告訴我，他們公司才剛上興櫃，他是研發部門的主管，每天都被工作壓力擠得透不過氣來。他的日程排得滿滿的，每天早上匆忙趕到辦公室，晚上又常常得加班。他的電子郵件源源不斷地湧入，會議也是一個接一個，而他的身體也越來越難以支撐。

在這個快節奏的工作環境中，冠宇總是感到無法集中注意力。他試過各種方法來提高效率，但總是覺得自己缺乏活力。他的身體也開始出現問題，腰部經常痠痛，睡眠品質下降，而他的體重也不斷攀升。

每天，冠宇都在艱難地平衡工作和生活。他知道自己需要改變，但這並不容易。他試過設定目標，但總是在忙碌中忘記了自己的健康。他也試過養成運動習慣，但總是因為工作而放棄。

然而，冠宇不是甘於放棄的人，他知道只要有決心，就可以改變自己的生活。他開始尋求專業指導，並設定了明確的目標：每天早上運動，改善飲食習慣，並保持良好的睡眠品質。

持之以恆一年多之後，冠宇的身體狀況逐漸改善。腰部不再痠痛，睡眠品質提高，體重也開始下降。精力逐漸變得充沛，工作效率也有所提升。

透過這位個案，我想說的是，無論工作有多忙碌，只要有決心，就可以改變自己的生活。我的精力管理之路並不容易，但我的努力和堅持讓我成為了一個精力充沛的人。

冠宇來找我諮詢之後，這一年的時間裡，我們做了什麼？

我提供他四階段的計畫，在過程中再給予關鍵的預設挑戰和對應方法。四個階段的細節如下：

階段一：主動意識覺醒和目標設定

階段二：改變生活和養成運動習慣

階段三：彈性目標堅持和自我成長

階段四：持續挑戰目標和自我維護

通常在階段一（計畫展開前的一個月）的主動意識覺醒和目標設定，我們會意識到自己需要做出改變，但同時也面臨自我否定和拖延的困擾。一開始會覺得自己已經太老或太忙，無法改變。

建議對策：

一、閱覽成功人物的故事和方法的影片或書籍。

二、尋求專業指導，並設定明確的目標。

三、建立支持系統，比如，與家人朋友分享你的目標和計畫。

階段二（計畫進行中的前三個月到半年）是改變生活和養成運動習慣，在此我們必須開始著手改變生活習慣、養成運動習慣。然而，時間不足和工作壓力容易成為前進的阻礙，日程繁忙，很難找到時間鍛鍊。

建議對策：

一、提早將運動時段優先安排到行事曆上。

二、尋找短時間、高效的運動方式。

三、準備一至兩個備用方案，以利隨時彈性調整。

階段三（計畫進行後的半年到一年）是彈性目標堅持和自我成長，在這個階段，會面臨疲憊和挫折的挑戰，而且身體也出現疼痛跡象。

建議對策：

一、充足的休息和恢復很重要，必須給予身體時間修復，而伸展、按摩或瑜伽是特別必要的活動。

二、調整運動強度和方式，選擇適合自己身體狀態的運動節奏。

階段四（計畫進行一年之後）是持續挑戰目標和自我維護，在這個階段，面臨著維持動力和避免退步的挑戰。

建議對策：

一、持續調整新目標，因為身體不會總是維持在良好的狀態，身體再強壯的人也會不小心感冒，所以狀態好的時候要突破自我，狀態不好的時候也得降低運動頻率和強度。

二、保持運動圈的社交支持，建立愛運動朋友的關係圈。

三、建立接納失敗的心態，學會接受退步，並重新開始。

總言之，冠宇的親身故事告訴我們，無論年紀如何，只要有決心和行動，我們都可以改變自己的身體和精神狀態。持續進步和自我維護是成功的關鍵。

人生七十才開始

我去年參加了一場在法國波爾多舉辦的馬拉松比賽，在這場令人振奮的賽事期間，我結識了一位名叫海哥的夥伴。海哥是一位七十歲的老兄，身材健碩，大胸肌和六塊肌引人注目。更令人驚訝的是，他竟是這場馬拉松比賽的七十歲組冠軍！

對於這位令人敬佩的老兄，我忍不住好奇地問他，他是如何保持如此驚人的體能和活力。海哥笑了笑，說他人生體能的巔峰時刻是在五十八歲，這讓我心生敬意，也為我自己還有好幾年的發展空間而感到振奮。

我迫不及待地請他分享一些祕訣。海哥深吸一口氣，然後說道：「別被年齡所限制，年紀只是個數字。你必須相信自己能夠不斷超越自我，要有一股奮鬥的拚勁。」聽完海哥的話，我深受鼓舞。一個七十歲的大叔竟能如此堅定地告訴我們，不斷超越自己的重要性。

海哥都這麼說了，你還在等什麼呢？

現在就開始動起來

我在此要鼓勵你立刻展開行動，步驟如下：

一、設定明確的目標：不要讓工作壓力阻礙你的健康，多花十分鐘計劃本週的運動。

二、保持社交支持：選擇有趣的運動和夥伴，選擇你真正喜歡的運動。

三、接受退步並重新開始：如果你退步了，不要灰心，找出問題所在，調整計畫，重新開始。

四、尋求專業指導：如果你不知道該如何開始，尋求專業指導是一個好的開始。

五、設定新目標：不要滿足於已經取得的進展，要繼續挑戰自己。

「最大的發現之一，是一個人能透過改變自己的態度以改變自己的未來。」

——Hank 大叔

圖解本章要點

睡眠
（麵包）健康的基礎

飲食
（蔬肉）營養能量來源

運動
（醬料）獨特個性特質

行動方案

開始前

Step 1
設定明確目標

- **閱讀（成功實踐）書籍**
- **尋求專業指導**
- **建立（社交）支持系統**

開始

Step 2
養成運動習慣

- **運動優先安排到行程**
- **找短時高效運動方式**
- **準備備用方案調整**

半年

Step 3
彈性目標堅持

- **充分休息與恢復**
- **調整運動強度與方式**

一年後

Step 4
持續挑戰目標

- **持續調整新目標**
- **建立愛運動朋友圈**
- **接納失敗與退步**

行動建議

一、建立全面的健康計畫：不僅包括飲食和運動，也要重視充足的睡眠，這三者共同作用，便能確保體能和心理健康的最優狀態。

二、日常生活中融入運動：尋找並參與自己喜歡的運動活動，不僅有助於保持身體健康，也能增加日常的樂趣和社交機會。

三、定期評估和調整健康目標：隨著時間的推移和生活狀況的變化，定期檢視與調整自己的健康計畫，以確保持續進步並滿足當前的需求。

■ 延伸思考

一、如何有效克服拖延症並落實運動習慣？

二、當時間和金錢資源都極為有限時，如何制定合適的居家健身計畫？

三、如何盤點自身的精力狀態，並選擇適合現況的運動？

Part 2

情緒維度——將困難轉化為挑戰

EMOTIONAL DIMENSION

當我們談到精力管理，很多人第一時間想到的是保持身體健康：吃好、睡好和經常運動。這些當然重要，但卻只涵蓋了精力管理的其中一部分。我們需要了解精力管理的四個維度：體能、情緒、思維和精神。每個維度都對我們的能量和生產力有不同的貢獻。

本書第一部的體能維度是精力管理的基礎，意味著我們需要透過合理的營養、定期運動和充足的休息來維持身體健康。良好的體能狀態保證了我們日常所需的基本能量，但僅有能量是不夠的，情緒維度可以提升我們能量的品質。即使我們身體健康，但要是情緒不佳，也很難高效地利用能量。管理情緒有助於我們調節能量，確保我們不僅有體力，還有正確的心態來使用它。

情緒管理如同能量的變壓器，幫助我們調節和轉化能量，以適應不同情境需求。這需要掌握三個基本技能：

一、處理負面情緒：現代人不僅要承受來自人際關係的負面情緒，還要面對透過網路來自全球的負面情緒。學會高效處理這些情緒非常重要。高情商能幫助我們減少負面情緒對身體和心理的影響，並避免情緒性進食等有害習慣，而這也證明了體能和情緒之間的相互影響。

二、創造正向情緒：創造和維持正向情緒能提高我們的能量和生產力。感恩、正念和積極思維等行為實踐，可以讓我們以更多的熱情和韌性完成任務。

三、壓力管理：有效的壓力管理對保持能量平衡至關重要。透過深呼吸、冥想和定期運動等方法，我們可以調節壓力水準，確保自己能夠建設性地使用能量，而不是任由能量被慢性壓力所消耗。

學會掌握處理負面情緒、創造正向情緒和壓力管理的技能，我們可以提升能量的品質。身心並重，我們便能發揮最大的潛能，在工作和生活中取得成功。

Chapter

08

管理情緒——找到內心的力量

「學會擁抱不同的情緒，才能獲得真正的快樂。」

——電影《腦筋急轉彎2》（*Inside Out 2*）

你是否曾經因為即將到來的會議而失眠？或是在面對公司的變動時，感到不安？又或者，在家庭和工作的雙重壓力下，常常處於焦慮、憂慮和憤怒的情緒漩渦之中？

日常的種種負面情緒，正無聲無息地侵蝕著我們的精神健康，甚至間接影響了我們的工作效率與生活品質。在這個章節，我們將一起探索如何識別並管理這些情緒，藉由有效的解決方案，讓我們能在繁忙的職場中依然保持內心的平靜與力量。

關於情緒的理解，非常推薦大家一部叫做《腦筋急轉彎2》的電影，電影設定是在一個小女孩的腦中，有各種擬人化的情緒角色，例如樂樂（喜悅）、憂憂（悲傷）、阿焦（焦慮）等等，透過大腦控制台，共同影響她的行為和情緒，反映青春期的情感波動和成長挑戰。

職場最常見的負面情緒則有五種來源：

一、焦慮（阿焦）：焦慮是一種對未來可能發生的事情感到擔憂、不安或緊張的情緒反應，通常伴隨著身體的緊張和焦躁感。

在職場上，人們可能因為即將進行的重要會議而感到焦慮，擔心自己的表現或憂心自己無法應對意外情況。這種焦慮可能導致失眠、食欲不振，甚至影響對工作任務的專注和執行，是一種非常明顯的精力崩解的表現。

二、憂鬱（憂憂）：憂鬱是一種悲傷、沮喪、再也快樂不起來的感覺，有可能是長期生活壓力所造成。

人們可能因為即將進行的公司重組而感到憂慮，擔心自己的工作職位或工作環境可能會發生變化。這種憂慮可能會影響工作表現，導致難以集中注意力或感到疲憊。

三、憤怒（怒怒）：憤怒是一種對受挫、不滿或不公正的狀況產生的強烈情緒反應，可能伴隨著敵意、攻擊性或暴力傾向，藉此發洩情緒。

馬里蘭大學憤怒研究者艾倫．西格曼（Aaron Siegman）博士發現，發洩憤怒是導致心臟病的一個極其危險的因素。發洩憤怒會觸發某種內在機制，極易導致動脈損傷。

人們可能因為被上司不公平對待，或因同事的不尊重而感到憤怒，這種憤怒可能導致與上司或同事爭吵、情緒失控，甚至影響工作團隊的合作和氛圍。這是相當標準的情緒維度精力浩劫的例子。

四、恐懼（驚驚）：恐懼是對潛在危險或威脅的感知，通常伴隨著生理和心理的反應，可能與工作安全感、面對挑戰或不確定性等有關。

常見的情況是擔心工作表現不佳會導致失業，或者即將擔任新角色，又或是對未來變化的不確定性感到恐懼。

五、挫折感（怒怒）：雖然怒怒主要代表憤怒，但是挫折感也經常伴隨著憤怒和不滿。挫折感可能會激發對改變現狀的強烈需求，與怒怒的情緒特徵有所重疊。

當人們因為未能達到預期的績效目標或受到客戶的拒絕而感到挫折時，這種挫折感可能會影響自信心和動力，使人難以保持積極的工作態度和努力。

「做對的事」還是「把事做對」？

從管理學和精力管理的角度來看，我非常認同「做對的事」比「把事做對」更重要，這個概念也適用於處理負面情緒。如果你要解決負面情緒，你需要清楚地知道你現在面對的是什麼樣的情緒，而不是像過往只是感覺自己的情緒好不好、爽不爽、煩不煩而已。所以，解決負面情緒的第一步，是當下要明確區分自己的情緒狀態。

比方說，當你察覺自己正感到焦慮，可以這樣跟自己說：「我知道現在自己正在焦慮，焦慮是因為缺乏方法、缺少資源。我可以打電話求助，可以上網查詢，可以降低期待，也可以先做我有辦法做好的那部分。」

當你識別和回應過後，**情緒就變成了動力！**

處理負面情緒最重要的就是於當下即時解決，察覺自己的情緒變化，理解情緒的症狀，以便對症下藥，提供正確的應對策略。

以下是四招我常用的負面情緒防禦方法：

一、防護衣法，專門處理焦慮、緊張的負面情緒。

面對挑戰或攻擊時，感到緊張和負面情緒是很正常的。防護衣法是一個很好的技巧，可以幫助我們在面對挑戰時保持冷靜。比如，當你需要應對客戶投訴或向主管報告業績未達標時，就可以使用這種方法。首先，閉上眼睛，想像自己穿著防護衣，從腳掌、小腿到大腿，逐個部位穿上去，然後告訴自己：「我已經穿好了，外界的攻擊不會影響我，不會傷害到我。」如此一來，你就能以更理性的態度去應對挑戰。完成後，別忘了再閉上眼睛，將防護衣脫掉。

二、心靈零食法，專門解決憂鬱、悲傷的負面情緒。

電影《浩劫重生》（*Cast Away*）中的主角孤身一人被困在一座孤島上長達四年，在這段時間裡，為了抵禦孤獨，他只能憑藉女朋友凱莉的照片，並且大聲對著一顆他取名為「威爾森」的排球說話，結果這顆排球成了他心愛的夥伴。心靈零食也具有相同的功效。家人的照片、好友的訊息、宗教信仰，都可以成為幫助你恢復良好狀態的心靈零食。

三、數數字法，專門處理憤怒、爆炸的負面情緒。

這個技巧看似簡單，但大多數人都採取了錯誤的方法。一般人會從一開始數到十，然後準備行動。事實上，更好的方法是反過來數，而且要跳著數，比如從十七開始，然後是十五、十三、十一……一直數到一，這樣就能冷靜下來。如果不行，可以再從頭試一次。數數字對於憤怒、爆炸的情緒有很好的緩解效果。

四、擊碎畫面法，專門解決挫折、恐懼的負面情緒。

這個方法是我的好友恩哥與我分享的，他是外商公司的人資長，多年前便應用這個技巧，成功地協助了他們公司的勞資糾紛事件。他曾去拜訪一位與公司有糾紛的同事，那是一位年紀約六十歲的女性，由於在上班的途中出車禍，被公車撞斷腿，因此有很長的一段時間無法行走，必須坐輪椅，而且她只要一聽到公車的聲音，就有非常強烈的恐懼感。

因此，恩哥協助指導她，每天晚上睡覺前想像當時公車撞上她的畫面，然後再將這個畫面擊碎，每晚睡前重複三次。一個月後，當恩哥再去找她時，那位同事說她現在已經完全不害怕公車了。

這個方法非常適合用於某一個曾經對你造成傷害的場景，而你至今仍感到恐懼，甚至影響你面對某些事情的態度。當你止不住恐懼時，便能試試這個方法。

所有情緒都有存在的必要

面對現代職場的種種挑戰，我們無法避免負面情緒的來襲，但我們可以選擇如何應對這些情緒。透過焦慮防護衣法、悲傷心靈零食法、憤怒數數字法和恐懼擊碎畫面法，我們能夠找到有效的應對策略，保持內心的平衡與冷靜。

人類已經在地球上生存了五百萬年，我們能存活下來，是因為持續進化。負面情緒有利我們生存，且不可或缺。恐懼驅使我們逃離火災現場；厭惡讓我們擋下違背道德的事情；憤怒讓我們回應是非。負面情緒過剩確實會消耗能量，但若過少同樣也有害。因此，正面與負面情緒都是為了幫助人們更好地活在世界上，當我們認知到這點時，也就能接受負面情緒對我們的價值。

所有情緒都有其價值和作用，有助我們理解自己和他人的感受，並在不同的情境下做出適當的反應。一旦我們能夠更妥善地管理自己的情緒，不僅能提升工作效率，還能享受更高品質的生活。願我們都能在職場的磨練中，學會與負面情緒共處，找到屬於自己的平靜與力量。

「記住，你並不孤單，每一次的情緒波動，都是我們成長的契機。」

——Hank大叔

圖解本章要點

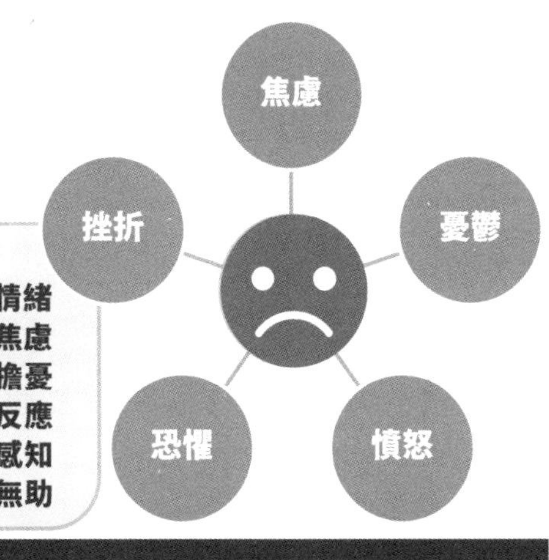

職場
常見五種負面情緒
- 可能狀況的焦慮
- 未知事物的擔憂
- 情況受挫的反應
- 潛在危險的感知
- 無能為力的無助

當下及時解決、覺察情緒變化、理解情緒症狀
對症下藥並提供正確的應對方式

負面情緒防禦術

1. **防護衣法 → 處理焦慮、緊張**
   閉上眼睛，想像自己從腳到頭穿上防護衣
2. **心靈零食法 → 解決憂鬱、悲傷**
   讓家人的照片、好友的電話變成心靈零食
3. **數數字法 → 處理憤怒、爆炸**
   跳著數字倒數，一直數到一，可多數幾次
4. **擊碎畫面法 → 解決挫折、恐懼**
   想像遭受創傷的畫面，然後擊碎它

行動建議

一、面臨重要會議或壓力情況時，閉上眼睛，想像自己穿上防護衣，對自己說外界的壓力不會影響到你，如此便能幫助你保持冷靜，面對挑戰。

二、感到憂慮時，可以透過觀看家人照片、與好友通話或依靠宗教信仰等方法來舒緩情緒，這些心靈零食能夠幫助你恢復內心平靜。

三、感到憤怒時，嘗試從較高的數字開始，逐步倒數，這可以幫助你冷靜下來，避免情緒失控。這個方法簡單易行，且效果顯著。

■延伸思考

一、如何在工作壓力下保持情緒穩定？

二、如何在工作和家庭的雙重壓力下管理焦慮？

三、如何在繁忙的日程中找到時間進行自我照顧？

Chapter

09

情緒性進食的陷阱——如何避免過度進食

「你要控制自己的情緒，否則你的情緒便控制了你。」

——法國浪漫主義作家亞歷山大．仲馬（Alexandre Dumas）

我經常開玩笑地說，要怎麼知道台灣人如何評價一個地方好不好玩呢？如果那裡又好玩又好吃，他們會說：「這地方真好玩。」如果沒有好玩的，但有好吃的，他們還是會說：「這地方好玩。」但如果那裡只有好玩的，卻沒有好吃的，他們會說：「這地方沒什麼好玩的。」這也許是因為大多數人都覺得「吃」是生活中帶來快樂的主要途徑。

為什麼情緒上出現波動，我們都會訴諸吃？

有時候，情緒低落或沮喪時，我們總喜歡找美食來撫慰心情，彷彿它有神奇的力量。不過，這種情緒性的飲食方式，有時卻會出現反效果，讓我們的情緒變得更加糟糕。想想看，我們為什麼吃東西？當然，直覺的答案會是：「因為餓了。」但如果你仔細觀察，便會發現，好事發生的時候，我們也喜愛用吃東西來慶祝。比如說，升職、加薪、進入知名學校等等，這些時候，許多人的首選就是美食，喜歡用食物來歡慶。同樣地，處於情緒低谷時，吃東西也成了很多人的安慰法寶。工作上遇到瓶頸、感情上出了問題，各種煩惱看似都能在美食中得到解脫。我們似乎相信，吃一頓好的，可以化解一切不如意。

畢竟，俗話說得好：「沒有什麼問題，是一頓飯解決不了的。」吃東西在很多時候成了一種排解情緒的方式。但是，在每次情緒有所波動時，真的得靠食物來紓解嗎？或許，這個問題值得我們深思。

情緒和飲食有什麼關係？

當嘴巴裡塞滿美味的食物，心情也能變得更美好，這不是我們都曾經體會過的嗎？想像一下，你和家人在餐桌上享用美食，其實不僅是填飽肚子的行為，更是一種聚會、慶祝的方式。你可能曾在家庭聚會時，因為美味的食物而感到歡愉，氣氛也變得融洽。「吃在一起」不僅有助於緩解緊張，也是解決爭執的好時機。而慶祝某個重要時刻，比如生日或節慶，美好的食物也是加分的祕訣，讓喜悅的氛圍更加濃厚。

電視劇《繁花》中提到：「經常慶功，才會成功。」提到慶功，當然就是來頓大餐囉！因此，有趣的是，我們經常使用飲食的方式來應對情緒。當心情低落或煩躁時，許多人會選擇吃一頓好的，期望美食的味覺享受可以帶來愉悅感。不過，這種應對方式有時也是個大陷阱。畢竟，人生並不會一帆風順，負面情緒在所難免。當我們感到沮喪、害怕、憤怒等情緒時，我們天生傾向於追求舒適，而飲食成為了一種常見的替代手段。

不知不覺中，你已經情緒性進食了

正向的心情和美味佳餚，兩者搭配總是令人愉悅，但當這種情緒性進食成為一項長期的應對方式時，就有可能造成身體和心理的困擾。生活中的美好飲食體驗當然值得珍惜，但同時我們也要謹記飲食和情緒之間的微妙關係，避免陷入過度依賴食物的心理陷阱。簡單來說，所謂「情緒性進食」是指，當我們並不是因為真的飢餓，而是因為感受到情緒，尤其是負面情緒，結果驅使我們開始吃東西。這樣的行為主要是為了迅速讓自己感到舒適，至少在短時間內轉移或緩解情緒的不適感。

但不幸的是，飲食和情緒之間的撫慰關聯逐漸減弱，幾乎沒有什麼顯著的效果。更糟的是，很多人可能會試圖透過增加進食量的方式，以保持情緒性進食的效果。事與願違的結果就是過度進食，這可能導致一系列健康問題，其中最明顯的就是肥胖。更甚者，有些人明明知道不可以如此，卻陷入不斷循環的反覆輪迴，那就不只是單純的肥胖問題了，而是會危及一個人最基本的心理健康。那麼，該怎麼解決呢？

如何化解情緒性進食

其實，情緒性進食真正的根源不在於飲食，而在於我們使用了錯誤的方式來對待情緒。面對情緒時，要避免壓抑或逃避的態度，反之，應當接納、觀察、拆解情緒，深掘各種情緒的根源，並透過切實可行的技巧，幫助自己更好地調節與駕馭情緒。因為來自情緒的問題才是最根本的問題，即使你沒有情緒性進食的習慣，你還是可能用其他的不良方式來處理情緒。

你也許會問，移除情緒有什麼作用？其實，最重要的是控制情緒。情緒之所以難以控制，就是因為太複雜了。你也許已經看過我的著作《共讀的力量》，了解過「子彈思考法」，這是一個拆解複雜問題的方法，將任務分解，也就是將一個複雜的大問題，拆分成一系列單純的小問題，然後逐個擊破。但是，負面情緒又該怎麼拆解與移除呢？

蘇格拉底（Socrates）說：「最無知的人，就是不知道自己無知的人。」負面情緒的狀況也適用於此，大部分的人身陷負面情緒時，其實全然不自知，更不用說要移除或拆解情緒。因此，我們應該具備時時有意識地察覺自己情緒的能力，尤其是負面情緒。

Hank大叔自我覺察三步驟

一、情緒日記：每天寫下自己的情緒和感受，回顧一整天的情緒狀態。這有助於識別與了解可能潛藏的負面情緒。我個人通常會在面對挑戰或陷入困難的時期提醒自己，於晚餐後自我反省。不安排在睡覺前反思，是因為有可能影響睡眠。

二、身體感知：關注身體的感覺，因為情緒常常與身體有關。例如，感到緊張時，身體可能會有肌肉緊繃的感覺。頭疼、肩頸僵硬或腰背痠痛的時候，多加注意這些身體信號，可以更早發現負面情緒的存在。

三、他人回饋：向身邊的親友或同事尋求他們對你情緒狀態的觀察。有時候，他人的觀察能夠提供客觀的回饋，幫助你更清楚地察覺自己的情緒。我平時便會告知家人或同事，可以直接向我說他們對我情緒的發現。

負面情緒無所不在

我們談過了飲食跟情緒的關係，由於飲食具有附帶的心理效用，人們會嘗試用飲食替換壞情緒，從而產生情緒性進食的習慣。情緒性進食並不能解決情緒問題，還會對身心造成損害。要解決情緒問題，必須從情緒本身出發、拆解和控制情緒。我們必須嘗試正視所有負面情緒，畢竟，面對問題，問題少一半；逃離問題，問題多一倍。

「情緒不僅僅是一種感覺，它是我們應對生活的方式。」——Hank 大叔

圖解本章要點

用「覺察問題對應法」移除負面情緒

- 避免用壓抑或逃避的方式面對情緒
- 運用接納、觀察、拆解情緒去深掘情緒的根源
- 有意識地培養覺察自己情緒的能力

Hank 大叔自我覺察的三步驟

記錄情緒	關注感知	要求反饋
每天寫下當天情緒感受	時時關注身體感覺	尋求他人對自己的情緒觀察
注意負面情緒 • 沮喪 • 焦慮 • 害怕 • 憤怒	注意身體訊號 • 肌肉緊繃 • 頭疼 • 肩頸僵硬 • 腰痠背痛	開啟告知通道 • 家人 • 朋友 • 同事
晚餐後反省不要在睡前	情緒會反映在身體上	平常就要建立溝通習慣

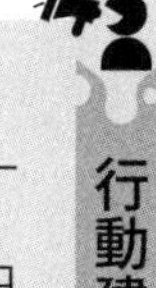

行動建議

一、記錄自己的情緒狀態和感受，尤其是在情緒波動較大的時候，這可以幫助識別、了解潛藏的負面情緒，從而更妥善地處理。

二、注意身體的感覺，如緊張時的肌肉緊繃、頭痛、肩頸僵硬等。這些身體信號是情緒狀態的反映，能幫助你更早地發現和應對負面情緒。

三、向親友或同事尋求他們對你情緒狀態的觀察和回饋。他們的客觀意見能幫助你更清楚地察覺與調整自己的情緒，避免陷入情緒性進食的陷阱。

■延伸思考

一、如何在社交活動中避免過度進食？

二、如何在辦公室環境中應對情緒性進食的誘惑？

三、如何在處理家庭成員的健康問題時避免情緒性進食？

Chapter

10

善用正向情緒來強化能量狀態

「改變你的想法，就能改變你的世界。」

——美國牧師諾曼・文森特・皮爾（Norman Vincent Peale）

正向情緒和負向情緒的本質為何？

負向情緒主要是指，對周圍的人和事抱持消極否定的態度。我們經歷的大多數挫折，實際上都是由我們潛意識中的負面情緒所引起的，但我們並不自覺。在戰爭中，最具破壞性的可能不是敵人的武器，而是奸細和間諜。這些人假裝成朋友，獲得信任後才發動破壞，造成極大的損害。

在我們的大腦中，負面情緒也以類似的方式潛伏著，偽裝成不可動搖的真理，影響我們的行為。負面情緒讓我們誤以為它們對我們有幫助，但實際上卻是在對抗我們。最致命的傷害，往往來自那些透過謊言獲得我們信任的負向情緒。那麼，該如何辨識我們大腦中的負向情緒呢？負向情緒的一些主要表現，包括固執、討好他人、過度追求成功，以及擔任受害者角色。此外，負向情緒也會表現為過度理性、高度警覺、永遠不滿足、掌控欲和逃避的態度。

與負向情緒相反，正向情緒會讓我們接受一切現實，而不是否認、拒絕或抱怨。正向情緒會將每一個結果和所遇之事都視為恩賜和機遇，也能坦然地接受後果。事實上，負向情緒和正向情緒都可能推動你走向成功，但它們的方式是截然不同的。

負向情緒會激勵你採取行動，例如生氣、後悔、害怕、內疚、焦慮、羞愧和自

責；而正向情緒則透過同情心、好奇心、創造力、自我實現的樂趣、對貢獻和創造價值的渴望，以鼓舞你不斷前進。

你想要被激勵，還是被督促？

▼莉莉的初創挑戰與跨越

莉莉是我在擔任創業導師時期認識的一位年輕企業家，她在創業的旅程中遭遇了一連串的挫折和困難。與大部分的新創公司一樣，她的公司一開始面臨財務上的困境，導致她不得不面對艱難的決策，例如削減成本、調整業務計畫。與此同時，團隊合作也出現了問題，一些重要的合作夥伴突然離職，讓莉莉感到措手不及。面對這些挑戰時，莉莉幾乎陷入了絕望之中。

她主動跟我聯繫，向我述說她目前的狀態，而我告訴她，首先應該優先解決的問題，是她作為領導者的心理狀態；她必須透過正向思考的活動來強化她的心理韌性和能量狀態，才能帶領團隊跨越困難。

我建議她每天早上運動或冥想，晚上寫下幾件感恩之事，這讓她重新聚焦，看到了生活中的美好和機會。同時，她專注於尋找解決問題的方案，而不是被問題和焦慮淹沒。

這種積極的心態成為了莉莉克服挑戰的關鍵。她與團隊一起努力，透過合作和創新找到了應對財務困境的方法。她也花時間重新建立團隊的凝聚力，確保每個人都能夠充分發揮自己的潛能。

最終，莉莉的努力和堅持取得了成功。她的公司逐漸走出困境，財務狀況變得穩定，團隊合作更加緊密，公司也開始迎來新的發展機遇。莉莉的精力得到提升，她在挑戰中不斷成長，終於實現了自己的夢想。

▼淑慧的情感轉變

淑慧是我「敢變工作坊」的學生，她是單親母親，前夫在中國大陸工作、幾乎失聯，也從未負責任地支付小孩的養育費用，因此，她獨自承擔著照顧孩子的責任，但常常感到孤獨和失落。面對生活的壓力和孤單時，她於工作坊的課程中發現了培養正向情緒的重要性，她明白必須成為自己的主人，不能再一味地自怨自艾。

淑慧開始主動與朋友和家人保持聯繫，不再將自己封閉在孤獨的情緒世界中。她積極參加社區活動，與他人分享快樂的時刻和感受。這樣的人際互動讓她漸漸感受到更多的愛和支持，而這些支持讓她感到不再孤單，也讓她充滿了正能量。隨著時間的推移，淑慧的心情逐漸變得積極向上，重新找到了生活的滿足感，開始更加珍惜每一個快樂的瞬間。

幸福源自於日積月累的正向情緒

英國利物浦大學心理學教授傑洛米・薩頓（Jeremy Sutton）的研究指出，培養正向情緒可以促進心理健康和幸福感，提高抗壓能力和適應能力，進而增強精力管理的效果。因此，創造正向情緒對精力管理至關重要，因為情緒與精力密切相關。

以下是正向情緒對應精力管理的價值：

一、正向情緒對生理健康的促進：研究證明，正向情緒可以改善心臟功能，促進整體生理健康，進而提高精力和持久力。

二、正向情緒對能量程度的影響：正向情緒使我們感受到生活的豐富和快樂，可以提升我們的幸福感和生活滿意度，進而激發活動力和積極性。

三、正向情緒對心理韌性的作用：正向情緒有助於提高心理韌性，使我們更能應對壓力和挑戰，幫助我們從負面情緒中快速恢復。

四、正向情緒對工作表現和學習的影響：正向情緒有助於進入「心流」狀態，提高專注力和表現。

五、改善人際關係：正向情緒有助於改善人際關係，促進良好的溝通和互動。當我們處於積極的情緒狀態時，更容易與他人建立親密的關係，促進情感的交流和理解，進而增強社交支持和情感連結。

最好的防禦是攻擊

在當今快節奏的生活中，我們常常陷入負面情緒的困境，直到無法承受時，才開始尋找解決方案。然而，我們其實可以透過主動創造正向情緒的方式，建立一套日常心理防禦系統，以應對挑戰和不確定性。

我相信，最好的防禦是攻擊。如果我們在日常生活中學會主動創造正向情緒，就能天天擁有良好的精力狀態、更強大的心理韌性，以應對負面情緒和無常的挑戰。

在人力資源發展的領域，流行著一句話：「訓練不是萬靈丹。」我們知道，一次良好的訓練課程並不能讓一個人完美無缺，就如同不可能僅靠一次澆水或施肥便能讓植物持續茁壯成長。同樣地，我們的情緒精力也需要持續的灌溉和呵護。

維持固定的頻率，不斷為我們的心靈能量注入正向情緒，便能建立一種固定的日常模式，以維持和優化情緒維度的精力狀態。這意味著主動尋找並培養能夠激發積極情緒的活動和習慣。我們可以建立起堅固的心理防禦系統，讓我們在面對挑戰和壓力時更加堅強且穩定。

主動打造你的正向情緒

以下是我個人於日常生活中運用的方法，可以主動積極地創造正向情緒：

一、設定和達成目標

做法：每週固定於週日晚上設定可達成的小目標，並在完成後進行全面檢討和自我獎勵，成為新一週的啟動儀式。

哈佛大學的正向心理學教授塔爾·班夏哈（Tal Ben-Shahar）於《更快樂》（*Happier: Learn the Secrets to Daily Joy and Lasting Fulfillment*）一書中提過這個方法。設定容易達到的小目標，並努力達成，就可以得到幸福感。當我遇到中年危機的狀況時，就是透過這個方式得到救贖。因此，我在規劃每月的目標時，都會優先設定關於玩樂的目標，並訂出達成的時間。實現目標能帶來成就感和自信心，這些正向情緒可以促進進一步的積極行為和心態。

二、透過運動重新啟動

做法：每天固定時間進行十分鐘以上的中等強度運動，例如拉伸，當作開始一天的啟動儀式；或是進行七分鐘以上的高強度運動，例如ＨＩＩＴ高強度間歐運動。

運動可以促進腦內啡的釋放，這是一種天然的情緒提升劑，能有效減少焦慮和抑鬱。我認為，一大早出門跑步是全世界CP值最高的正能量活動。下一章將會說明，運動能提供三種正能量的激素，也是最容易創造正向情緒的方法之一。

三、建立感恩習慣

做法：在心情不美麗的晚上，我會拿起紙筆，寫下三件讓自己覺得感恩的事。

感恩習慣可以幫助人們重新聚焦於生活中的正面事物，提升幸福感和滿足感。

四、參與社交活動

做法：尋找各種聚會主題，與朋友、家人或同事進行有意義的交流，參加社交活動或社團。

每當我覺得目前的困難壓到我喘不過氣來，甚至身體已經出現不良反應的時候，就會開始聯繫好友們或教練。他們並沒有辦法直接幫你解決問題，但是，與他們交流、談天之後，往往會有很大的幫助。至少你在情緒上可以由負轉正，也就更容易去客觀理性地分析與評斷現有的困難、更容易找到問題的解決方案。因此，社交互動可以增加正向情緒，提升心理支持感和歸屬感。

正向情緒是最強大的武器

在現代社會中，有效管理情緒和精力是非常重要的，尤其是在面對挑戰和壓力時。透過主動創造正向情緒的方式，我們可以建立起一套強大的心理防禦系統，讓自己更有能力應對各種困難和挑戰。

莉莉和淑慧在面對生活和工作中的困難時，透過創造正向情緒的力量，克服了挑戰，取得成功。她們的故事告訴我們，即使面對逆境，我們也可以透過積極的心態和行動，獲取自己想要的成果。

在日常的奮鬥和努力中，我們必須記住這點：最好的防禦是攻擊，而培養正向情緒則是我們最強大的武器。

「我們看待事物的方式決定了一切，而不是事物本身如何。」

——瑞士心理學家卡爾・榮格（Carl Gustav Jung）

圖解本章要點

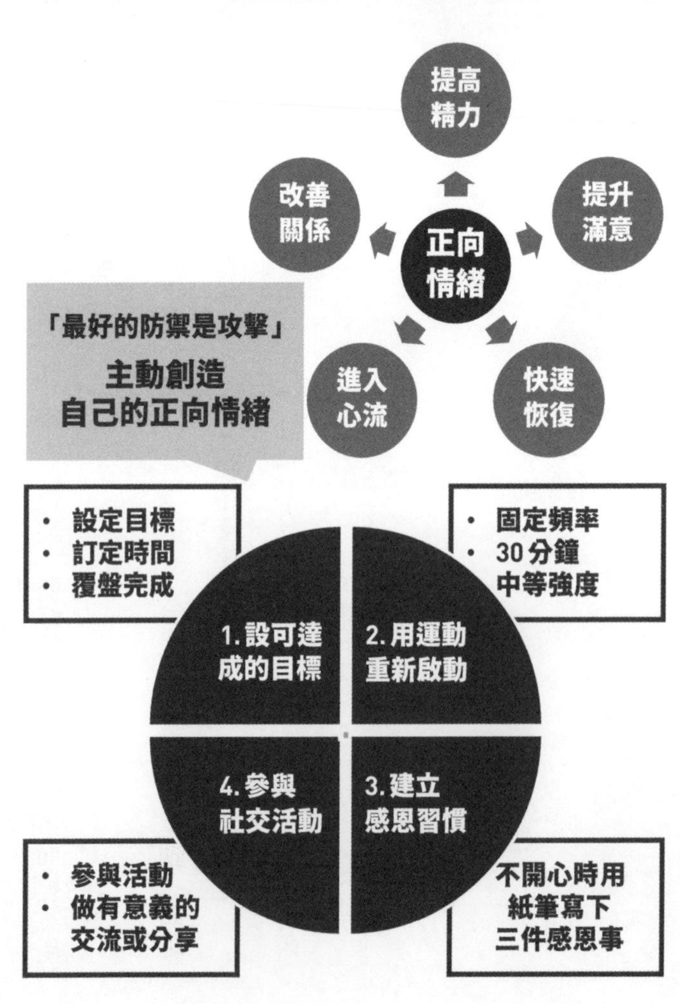
提高
精力
改善
關係
提升
滿意
正向
情緒
進入
心流
快速
恢復
「最好的防禦是攻擊」
主動創造
自己的正向情緒
• 設定目標
• 訂定時間
• 覆盤完成
• 固定頻率
• 30分鐘
中等強度
1. 設可達
成的目標
2. 用運動
重新啟動
4. 參與
社交活動
3. 建立
感恩習慣
• 參與活動
• 做有意義的
交流或分享
不開心時用
紙筆寫下
三件感恩事

行動建議

一、設定小目標並自我獎勵：每週設定容易達成的小目標，完成後檢討並自我獎勵，這有助於提升成就感和幸福感。

二、建立固定的運動習慣：每週進行至少三十分鐘的中等強度運動，如跑步或健身，有助於釋放腦內啡、提升情緒和減少焦慮。

三、每天記錄感恩之事：每晚寫下三件讓自己感到感恩的事情，有助聚焦於生活中的正面事物，提升幸福感和滿足感。

■延伸思考

一、如何創造正向情緒來提高工作效率？

二、如何在職場的人際關係中保持積極的互動與溝通？

三、如何在職場和家庭的壓力下管理情緒，並保持心理健康？

Chapter

壓力管理——心理韌性比身體優勢還要強壯

「我們與成功者之間的最大差距，在於面對挫折時的態度與方法。」

——Hank大叔

你有看過史丹佛大學心理學講師凱莉・麥高尼格（Kelly McGonigal）的TED演講「如何讓壓力成為你的朋友」（How to make stress your friend）嗎？這支影片是至今所有TED演講影片之中觀看人數最多的前二十五名，非常值得學習，也跟這章要討論的主題相同：壓力管理。

她深刻地挑戰了我們對壓力的傳統看法，指出壓力不一定是身心健康的敵人，而是一種可以駕馭的力量。演講中引用的研究結果證明，當我們改變對壓力的看法，將其視為身體準備應對挑戰的信號時，我們的身體和心理反應也會隨之改變。最令人驚訝的是，演講中提到的一項研究發現，那些相信壓力有害的人，承受較大壓力時，死亡風險增加了四三％，而那些承受同樣大的壓力、但不認為壓力有害的人，卻沒有增加死亡風險。此一發現顯示，我們的信念和看法對身體的影響有多麼重要。另一個引人注目的觀點是，壓力能夠提升我們的社交能力。演講中提到催產素是一種荷爾蒙，可以促進人與人之間的親密關係，增強同理心，甚至讓我們更願意幫助他人。

這意味著，在壓力大的時候，我們不該孤立自己，而是應該積極尋求社交支持，這將有助於我們更健康地應對挑戰。總的來說，凱莉．麥高尼格的演講為我們提供了一個全新的視角來看待壓力。

我們不再需要將壓力視為不可避免的負擔，而是可以視之為一種潛在的動力，激勵我們迎接生活中的挑戰。這種觀念的轉變可能會改變我們的生活方式，讓我們更堅韌、更自信地應對壓力，並從中獲得成長和滿足。

意想不到的壓力與精力之關係

在現實職場中，我們的精力能量時常被壓力突擊，而壓力與精力管理之間存在著密切的關聯，主要體現在以下三個方面：

一、生理上壓力程度的高低，會直接影響個人的精力水準。過高的壓力會消耗精力，使人感到疲憊和無力，而有效的精力管理可以幫助減輕壓力，提升精力水準。

生理學研究顯示，長期壓力大會導致腎上腺皮質素、腎上腺素等壓力激素過度分泌，進而影響身體的能量代謝和調節，使人感到疲憊、精力不足。比方說，工作壓力大的上班族，每天長時間面對各種工作挑戰，因而感到疲憊不堪，難以保持高效的工作狀態。

二、情緒上長期處於高壓力狀態，容易引發更多負面情緒，如焦慮、沮喪和憤怒，進而影響精力的積極性和效率。良好的精力管理可以幫助穩定情緒，提升情緒的正向性。

根據心理學研究，壓力會對人的情緒產生直接影響，使人更容易感到焦慮、擔心、沮喪或情緒低落。這是因為壓力觸發了身體的生理反應，如交感神經系統的活躍和荷爾蒙的分泌，進而影響大腦中情緒調節中心的功能。以金融業的理財專員為例，長期處於高壓的工作環境下，面對各種挑戰和壓力，可能導致情緒緊張、易怒和沮喪，影響工作效率和人際關係。

三、職場上處於長時間的高壓力狀態下，人們往往難以集中注意力或保持工作效率，甚至可能出現工作失誤和決策失誤。有效的精力管理可以幫助提升工作效率和表現，減少壓力帶來的負面影響。

從管理學的角度來看，壓力會影響到員工的工作動機、專注度和效率，進而影響工作表現和業績表現。此外，新創企業的經營者在創業過程中面臨各種壓力和挑戰，也容易出現焦慮和情緒波動，影響到企業的戰略和發展的決策品質。

現在你是否感受到一絲絲的壓力？或者你正在承受巨大的壓力？你認為你可以應對這些壓力嗎？在過去，壓力長期被視為不良狀態的代名詞，我們經常透過語言表達來傳達生活中的痛苦程度，常用的詞彙如「壓力山大」，而這種詞彙幾乎已成為了描述我們生活的痛苦狀態的標準用語。

壓力竟然會讓你脫穎而出

當今競爭激烈的職場環境中，壓力已成為了人們日常生活中不可避免的一部分。我們經常將壓力視為負面的、不利於健康與表現的因素，但卻忽略了壓力所蘊含的巨大潛力。科學研究證明，適度的壓力對於提升工作績效具有積極的影響。這種關係呈現出一種正相關性，即壓力程度與績效之間存在著一定程度的一致性。然而，值得注意的是，這種關係在到達某一臨界點之後會突然轉變，即當壓力超過一定程度時，績效可能會迅速下降，甚至出現崩潰的現象。

因此，對於那些追求卓越表現的人來說，能夠有效地管理壓力並保持

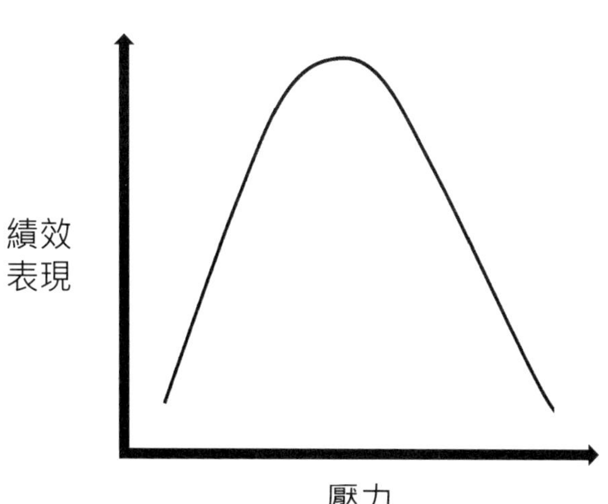

➡ 資料來源：葉杜二氏法則（Yerkes-Dodson law）之倒U曲線

穩定的工作表現至關重要。

然而，重要的不僅僅是要能夠承受壓力，更要懂得察覺自身壓力狀態，並即時調節情緒。唯有透過適時的情緒管理，才能在動盪的職場環境中保持穩健的表現，並實現持久的成就。

高手如何運用壓力

壓力管理中，我們最需要擁有的兩個關鍵技能如下：

一、隨時察覺壓力狀態是否皆處於壓力閾值之下。

二、當意識到壓力接近臨界點時，可以有效地進行情緒管理與壓力紓解。

若要更妥善地駕馭壓力，我們就得修練上述這兩項技術。壓力閾值的說明如下圖。要如何察覺自己的壓力狀態呢？我個人會留意以下四點：

一、觀察身體的反應，比方說，每當我頭痛或肩頸僵硬時，我都會意識到當下的情緒。這些身體感受通常是壓力增加的徵兆之一。

二、留意情緒變化，例如焦慮、情緒低落或易怒等。這些情緒波動通常與壓力有關，我也會反思自己目前的工作狀態如何。

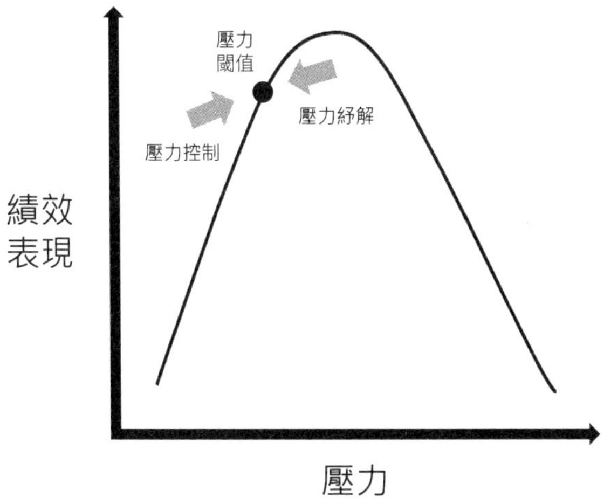

壓力閾值
壓力紓解
壓力控制
績效表現
壓力

➜ 資料來源：葉杜二氏法則（Yerkes-Dodson law）之倒U曲線

三、觀察行為變化，比如睡眠品質下降、飲食習慣改變，或是社交活動減少等。這些變化可能會反映出你處於壓力狀態之下。吃得快和睡得晚都會讓我留意壓力狀態。

四、定期反思與審視自己的生活節奏和工作負荷量，看看是否感到壓力不斷堆積，或者難以應對。睡前或起床的時候都是反思和審視的好時機。

釋放壓力的有效方法

如何有效地進行壓力紓解呢？在此根據精力管理的概念，提供五個實際有效的方法：

一、清空大腦的碎片訊息：每天花一些時間整理思緒，清空大腦中的雜念。

這可以透過靜心冥想或深呼吸來實現。

作家茱莉亞・卡麥隆（Julia Cameron）提出了名為「晨間日記」（Morning Pages）的方法。每天早上她會在紙上隨意寫下意識中的想法，不加限制地記錄，這種寫作方式有助於清空大腦，讓心靈得到放鬆，為接下來一整天創造寧靜的狀態。

二、擬定下一步清單：不要只關注長期目標，也要關注當下的行動。每天列出幾個下一步行動，並專注於完成這些行動。

伊隆・馬斯克（Elon Musk）身為特斯拉（Tesla）的創辦人，工作壓力非常大，他經常使用「第一性原理思考」（first principles thinking）來擬定下一步行動，這種方法是從基本原則出發，重新思考問題，並制定具體行動計畫，有助於他在複雜的問題上保持清晰的思維。

我個人也特別喜歡透過書寫接下來一個月的目標、重點工作以及本日工作清單，來梳理思緒、掌握輕重緩急，進而削減心中的壓力。

三、運動（每週三次，至少三十分鐘，或是七分鐘以上的高強度運動）：運動有助於紓解壓力，因為可以釋放身體中的壓力和緊張感。當我們運動時，身體會釋放出一種叫做「腦內啡」的化學物質，這會讓我們感覺更輕鬆愉悅。同時，運動還能分散注意力，讓我們暫時忘卻壓力和煩惱，專注於運動中的動作和感受。透過運動，我們可以放鬆身心，增加幸福感，以便妥善地應對生活中的挑戰。

新創圈是一個高壓群體，圈內流行一句話：「沒有什麼是一場跑步不能解決的事，如果不行，那就再跑一圈。」運動對於紓解壓力有非常直接的效果，最主要的原因是運動會讓大腦產生三種激素：腦內啡（endorphins）是一種天然的鎮痛劑，也稱為「快樂激素」；多巴胺（dopamine）是一種神經傳遞物質，創造我們的愉悅感和獎勵感。最後是血清素（serotonin），這是一種調節情緒、睡眠和食欲的神經傳遞物質，可以提升心情，有助於緩解壓力和焦慮。所以，跑步也是我個人紓解壓力的首選。

四、建立支持系統：與家人、朋友或同事建立良好的支持系統，分享壓力和困難，進而獲得情感支持和理解。其實，早在幾年前就有一個很流行的說法，提到觸摸等動作能促進催產素的分泌，讓人產生愉悅感。新冠疫情緩和下來之後，許多人都從線上的學習方式，快速地回到教室跟大家一起上課，或許也源於類似的原因。

Meta的創始人馬克・祖克柏（Mark Zuckerberg）曾經強調過，家人和朋友對於他在創業過程中的支持至關重要。他經常會與家人和信任的朋友分享壓力及困難，並從他們那裡獲得情感支持和理解，這有助於他堅持向前邁進並克服挑戰。

五、深呼吸和冥想：學習放鬆和冥想技巧，有助紓解身心壓力，提升自我意識和覺察能力。

美國知名主持人歐普拉（Oprah Winfrey）在自己的節目和訪談中，曾多次提及冥想對於心靈健康的重要性，而她本人也是冥想的擁護者。她曾經分享過她每天早晨都會進行冥想的習慣，並強調這對於她的生活和工作都有十分積極正向的影響。

整體來看，壓力對於提升工作績效有著積極影響，但在此也提出警示，若壓力超過一定程度，可能導致負面影響的情況。因此，有效的壓力管理和情緒調控，對於在競爭激烈的職場環境中保持精力狀態表現至關重要。

「心理上的韌性遠比你可能具有的身體優勢還要強壯許多。我一直都這麼說，而且我也一直相信這樣的說法。」

——美國職籃明星球員麥可．喬丹（Michael Jordan）

圖解本章要點

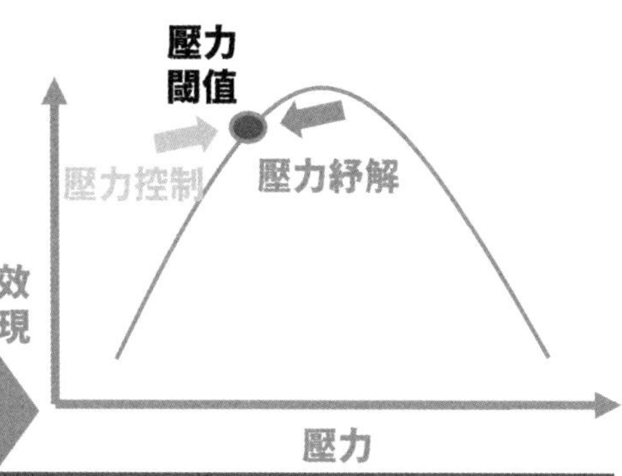

讓壓力成為潛在的動力

高手如何駕馭壓力，化為生產力與效率？

方法一：覺察壓力閾值	方法二：有效情緒管理
定期停下，專注觀察自己的身心狀態  **學習辨認並表達自己的情緒，並找出根源** 	**❶清空大腦碎片訊息** • 在紙上隨意寫下意識中的想法，減輕負擔 **❷擬定下一步清單** • 用第一性原理思考，拆解，從本質出發 **❸運動** • 每週三次，至少30分鐘 **❹建立支持系統** • 家人、朋友、同事 **❺學會呼吸和冥想** • 放鬆

行動建議

一、每週至少三次、每次三十分鐘的運動，或是七分鐘以上的高強度運動，有助於釋放壓力並提高腦內啡分泌，改善情緒和身心狀態。

二、與家人、朋友或同事建立良好的支持系統，分享壓力和困難，獲得情感支持和理解，有助更妥善地應對職場挑戰。

三、每天擬定下一步行動清單，專注於完成短期目標，幫助整理思緒，減少壓力，提高工作效率和清晰思維。

■ 延伸思考

一、如何面對自由工作者工作的不確定性，並有效地管理壓力，保持穩定的工作狀態？

二、在繁忙的職場生活中，如何尋找與維持有效的社交支持系統？

三、面臨長期職場壓力和家庭責任時，如何維持家庭關係的和諧？

Part 3

思維維度——保持專注和樂觀

MENTAL DIMENSION

思維維度是關於精力管理的效能，探討如何有效管理我們的心理能量，善用有限的精力完成更多任務，成為一位高生產力的人。

我們都希望能在一天內完成更多任務，而不是感覺自己一直在瞎忙、卻沒什麼成果。但是，現代社會充斥著無數的干擾，使我們難以集中注意力。

因此，我們得學習透過一些簡單而有效的方法，辨識並排除不必要的干擾，以及學習如何快速進入專注狀態、延長專注時間。

此外，與其試圖完全消除分心，我們應該學習如何利用分心來調整自己的心理狀態。我們可以學會在適當的時候允許自己分心，並藉此恢復專注的力量。

如何創造心流狀態，則是比專注更專注的技術，也是我們在進行富有挑戰性的活動時最容易進入的狀態。

最後，我們也要透過儀式感來創造正向情緒和專注力。我將分享一些簡單、有意義的儀式活動，讓你可以在日常生活中更有意識地創造積極的身心狀態。

Chapter

12

當專注成為一種新專業

「專注力就像是長期鍛鍊的肌肉，你必須展現出來，並且做點事讓它成長。」

——暢銷作家哈爾·埃爾羅德（Hal Elrod）

如何讓自己專注

思維維度是精力輸出的功率，而專注就是提升功率的放大器。有效的精力管理意味著將精力集中在當前的任務或活動上，並且保持高度的專注和投入。因此，如何讓自己專注，就成為精力管理的思維維度中最主要的技術之一。

好比說，兩個人的體能狀態都不錯，前一天晚上也睡得很好，因此身體能量就像充飽的電池一樣，已經達到百分之百的電力。然而，這兩個人會因為其專注力的運用程度，在一整天消耗能量時，於生產力方面產生明顯的差距。專注力好的人，一天內可以完成十件事；但是，專注力不好的人可能連三件事都完成不了，導致精力輸出大打折扣，當然也就不會有良好的生產力和績效。

什麼是真正的高效

我之前有兩位性格迥異的助理小茹和娜娜，她們可以說是一九九〇年代出生的青年代表，但工作風格截然不同，而這也影響了她們的工作效率和生活品質。小茹是一個急性子的人，總是充滿熱情。她喜歡在辦公室裡同時處理多項任務，桌上總是擺著公司的電腦和她自己的筆記型電腦，兩個螢幕上常常開著多個檔案，一邊製作PowerPoint簡報，一邊整理會議紀錄的Word檔案，耳朵上還夾著耳機，隨時隨地幫助外地的同事解決問題。

從表面上看來，小茹的工作節奏很快，彷彿有永遠用不完的精力。她的同事們常常羨慕她的效率，但只有小茹自己知道，她經常感覺精力透支。雖然她看似做了很多事情，但總有一些工作拖到最後一刻才勉強壓線完成，有時還會出現錯誤。每天下班時，小茹總是疲憊不堪，經常需要加班才能勉強應付做不完的工作。

另一位助理娜娜則是個慢郎中，有著完全不同的工作風格。她做事不慌不忙，總是那麼從容不迫。娜娜的手機常常處於靜音狀態，如果公司的分機響了，她會先告訴對方自己正在忙，稍後再回覆。她每次只專注於一項任務，直到徹底完成後，才會開始新的工作。娜娜的工作安排得井井有條，錯誤極少。她的日常總是顯得那麼輕鬆，總能準時回家，享受屬於自己的私人時間，第二天早晨又能精神飽滿地投入工作。

兩人工作的時間長度差不多，任務量也相近，但結果卻大相逕庭。小茹的高效表象背後是一片混亂和疲憊，而娜娜則以穩定的節奏，從容地完成工作。專注力和精力管理是影響工作效率和生活品質的關鍵因素。小茹因為同時處理多項任務，導致精力分散，頻頻受到干擾，最終影響了工作品質；而娜娜則透過專注於單一任務，有效地管理自己的精力，避免了外界干擾，從而能夠高效地完成工作。

這個實例告訴我們，有效的專注力管理不僅能提升工作效率，還能幫助我們更好地分配與利用精力，達到最佳的工作狀態。我們每個人都應該學習管理自己的專注力，找到最適合自己的工作節奏。在精力管理的知識領域，是不談多工的，而是談一次只做一件事。

當專注成為新專業

過去幾年來，「專注成為新專業」這句話成為了企管界的新主題，其背後有著深刻的原因，與我們所處的移動網絡時代密不可分。隨著智慧型手機成為我們日常生活中的一部分，我們的工作和生活方式也隨之改變。手機彷彿成為我們身體的一個新器官，使我們可以隨時隨地與任何人聯繫。這種無縫的聯繫雖然便利，但也帶來了無盡的干擾。我們的注意力經常被各種通知、訊息和社群媒體所分散，導致我們難以長時間專注於一件事。

持續的干擾讓我們無法進入深度工作的狀態，只能從事一些淺層次的任務，這些任務往往缺乏創造力和價值。深度工作，指的是專注且不被打斷的工作，能夠最大化我們的創造力和生產力。然而，在干擾無所不在的現代環境中，實現深度工作變得越來越困難。正因如此，現代的時間管理其實已經演變為專注力管理。要真正實現個人的夢想和目標，時間的分配固然重要，但更關鍵的是如何有效地管理和維持專注力。專注力管理要求我們學會過濾干擾、創造專注環境，並有意識地保護我們的專注時間。

由於專注力是優化精力輸出的關鍵，接下來要討論的是，就我個人的經驗而言，我認為專注力主要聚焦的是以下兩種能力狀態：

第一種能力：快速切換專注狀態
第二種能力：延長專注力的持續時間

▼能力一：快速切換專注狀態

現代的工作環境中，經常需要在不同的任務之間快速切換。這種頻繁的場景切換容易導致注意力殘留，使我們無法立即專注於新任務。注意力殘留，指的是思維依然停留在上一個任務，這會妨礙我們快速進入新的專注狀態。根據研究，一般人在轉換任務的過程中，需要二十分鐘來排除注意力殘留，所以你得間歇二十分鐘或透過一些方法來加速轉換。

舉例來說，你剛剛才歡樂地與同事開了一場討論公司海外旅遊的會議，隨即就要參加一場需要上台簡報的業務成果報告。這種轉換會要求我們在短時間內從輕鬆愉快的活動策劃，轉變為高度專注的數據分析。這正是注意力殘留對我們帶來的挑戰。

如何培養快速切換專注狀態的能力呢？以下是兩個我經常使用的方法：

一、儀式重啟：在兩個不同性質的任務之間，安排幾分鐘的過渡時間。這段時間可以用來做一些深呼吸、到茶水間沖一杯咖啡，或是簡短地預習即將開始的任務要求。

二、清理思維：使用簡短的筆記或備忘錄，將前一個任務的主要內容記錄下來，這可以幫助我們更快地放下舊任務並專注於新任務，也就是透過清空大腦的擔憂或留念，以排除注意力殘留。我通常會將上一場會議後續要

Master List
一、出版社會議
二、太毅公司經營會議
三、幫主下午茶
四、實習大叔讀書會
五、研究所同學會

Date：					
	一	二	三	四	五
上午		飛輪	例行週會	晨跑	晨跑
	經營會議	提案企畫		文案製作	課程準備
下午		幫主茶會			
			實習大叔讀書會	出版社會議	研究所同學會

執行的項目，依輕重緩急排序，並寫下執行的日期，如此更能放下心來面對下一個任務。前頁表格便是我的每週Master List範例。

▼能力二：延長專注力的持續時間

人類天生容易分心，這是我們在進化過程中為了生存而發展出來的能力。在遠古時代，我們的祖先需要時刻保持警覺，注意周圍的環境變化，以免成為野獸的獵物。因此，我們不僅要專注於狩獵，還要分心觀察周圍的潛在威脅。然而，現代工作環境要求我們長時間專注於單一任務，以達到高效工作。因此，如何延長專注力的持續時間變得尤為重要。要延長專注時間，可以從**主動創造專注**和**防止被動干擾**兩個方面著手。以下各提供三個有效的方法：

〈主動創造專注〉

一、設定明確目標和時間限制：制定具體的工作目標和完成時間，例如，我個人非常重視訂定月和週的目標，並且會於固定的時間將過去一週或一個月累積起來的任務目標，化作週計畫或月計畫。透過目標到計畫的安排過程，便能更清晰地了解每天的工作排程和節奏。此外，人們常用的番茄鐘工作法（Pomodoro Technique）是每次專注二十五分鐘，然後休息五分鐘，這也可以使你在有限時間內更專注於手頭上的任務。

二、打造適合的工作環境：營造一個正向積極的工作空間，確保光線充足、座椅舒適、桌面整潔。

三、進行正念冥想：每天進行幾分鐘的正念冥想，有助於提高注意力和專注力，這類練習可以幫助你學會在分心時快速恢復專注。（正念冥想的練習步驟詳見後文。）

〈防止被動干擾〉

一、管理電子設備的通知：關閉手機和電腦上的不必要通知，避免頻繁查看社群媒體和郵件。可以設定一些特定時段檢查郵件和訊息，減少干擾。

二、使用時間管理工具：使用工具如網站阻斷器（如Focus@Will、StayFocusd）來限制自己訪問容易分心的網站。這些工具可以幫助你在特定時段內專注於工作。

三、與夥伴達成協議：告訴同事或家人你需要專注的時段，請他們在這段時間內盡量避免打擾你。如此可以減少外部的干擾，幫助你保持專注。

Hank大叔如何一邊玩，一邊做年度規劃

我在創業前期有一個習慣，每年九月都會給自己五到六天的假期，前往不同的海島國家遊玩。我會盡力地放鬆休息，有時上山下海，有時走馬看花。在假期倒數

第二天，我會讓自己靜下心來，整天待在房間裡，翻閱書籍、雜誌、文章資料等，並把所有大大小小的想法先記錄在一本小冊子裡。到了要回家的前一天，我會盡可能排除所有潛在的干擾，讓自己保持高度專注，拿出之前那本小冊子，將假期過程中記錄著那些大大小小想法、甚至是幾個一閃而過的句子等內容，使用KJ法*來進行系統化整理。經過整夜通宵達旦後，最終我會制定出個人明年的年度目標與年度計畫，與此同時，也梳理出我的公司（太毅國際）明年的年度目標跟年度計畫。回到台灣後，我就會召開公司年度的策略與目標會議，經由會議與夥伴取得共識，訂下明年公司的策略與目標。透過這樣的模式，我在放鬆的假期中尋找靈感和確立目標，有效地利用專注力時間，打造出年度規劃，並在忙碌生活中給予自己靈光乍現的時間與空間。

「專注就是要學會說『不』。」

——蘋果公司創辦人史帝夫・賈伯斯（Steven Paul Jobs）

跟著Hank大叔冥想——在精力管理中找到專注與平衡

在當今快節奏的生活中，精力管理成為許多專業人士追求效率與內心平衡的重要策略。我的好友王彪老師是北京大學心理學碩士，也是正念領域專業研究學者，更是資深的精力管理認證講師。他對於冥想在現代生活中的應用有深刻見解，我先前已經向他學習了一段時間，老師的教學內容淺顯易懂、容易上手，非常適合作為初學者的引導。

王彪老師指出，雖然許多人將冥想視為一種簡單的放鬆工具，但其實它的深層價值在於能夠增強個人的專注力和情緒控制能力。透過持續的練習，冥想可以改善專注力，增強心理韌性，並提高工作與生活的整體品質。

＊ＫＪ法，又稱「親和圖法」（affinity diagram），可以用來整理創意、想法和數據。步驟是先將腦中每個點子記錄在卡片或筆記本上，接著尋找看似相關的想法，最後再將所有卡片進行分組。

以下是六個具體的冥想練習步驟，易於上手，也很容易融入日常生活：

一、選擇安靜的環境：選擇一個不會被打擾的安靜地方，可以是房間、辦公室的一角，或是任何一個能讓你感到放鬆的空間。

二、設定一個短暫的時間目標：善用計時器，以初學者來說，可以從短時間（五分鐘）開始，逐漸增加冥想的時間。

三、採取舒適的姿勢：坐在椅子上，背部直立，腳平放在地上；或者在地板上盤腿坐下，使用地墊或靠墊讓自己坐得更舒服。

四、關注呼吸：閉上眼睛，深深地吸一口氣，緩慢地呼出。將你的全部注意力放在呼吸上，感受空氣進出你的鼻孔，感受胸部和腹部的起伏。

五、當心神漫遊時，溫柔地將注意力拉回：當你發現自己的思緒開始飄移，溫柔地將注意力引回到呼吸上。不要對自己的恍神感到沮喪或批評自己，這是一個正常的過程。

六、結束冥想：當計時器響起時，慢慢地睜開眼睛，花一些時間靜坐，感受當下的狀態。然後，逐漸回到日常活動中。

冥想不僅是一種自我提升的工具，也是一種生活方式，可以幫助我們更妥善地理解和調整自己的精力運作，幫助我們在繁忙壓力之中找到內心的平靜，達到生活和工作的最佳狀態。

圖解本章要點

專注力是需要鍛鍊的
目標爲：高效產出與高品質成果

快速進入專注  **延長專注時間**  **專注力技能**

主動創造

儀式重啟

不同性質的任務間，安排過渡時間做切換

1. 設定目標與時間
   Ex. 25/5 番茄鐘
2. 安排工作環境
   Ex. 光線充足、舒適、整潔
3. 做正念冥想
   Ex. 每天進行幾分鐘，設定計時器，採取舒服姿勢，閉眼關注呼吸狀態

避免干擾

清空大腦

用筆記將前一個任務內容做關鍵紀錄

1. 關手機通知
   Ex. 關掉鈴聲，特定時間才檢查郵件和訊息
2. 用管理工具
   Ex. 使用網站阻斷器來限制訪問
3. 夥伴達成共識
   Ex. 跟家人夥伴約定不干擾時間

行動建議

一、設定明確目標和時間限制：制定具體的工作目標和完成時間，例如使用番茄鐘工作法，每次專注二十五分鐘，然後休息五分鐘，能有效提高專注力。

二、調整辦公環境，減少視覺和聽覺干擾，使用工具排除讓人分心的網站。

三、管理電子設備的通知：關閉手機和電腦上的不必要通知，設定特定時段檢查郵件和訊息，減少干擾，保持專注於手頭上的工作。

■延伸思考

一、在缺乏固定工作環境的情況下，如何維持長期專注？

二、面對激烈的職場競爭，如何保持高度工作專注力？

三、面臨事業上的瓶頸期，如何保持工作熱情和專注力？

Chapter 13

你沒有想過的放空技術

「有時候，你必須按下暫停鍵，才能讓生活中大大小小的事進入腦中，慢慢體悟。」

——德國賽車選手賽巴斯蒂安・維泰爾（Sebastian Vettel）

放空是一種技術

上一章說明了專注的方法和重要性，相信大部分的人都非常認同，尤其在現今的社會，網路上也有非常多資訊說明專注的技術，方法有千百萬種，絕對值得大家花時間去深化，找到適合自己的方法。不過，這章我們要談的是專注的反面——放空。

在現今人們過於追求專注、講求效率的時代，放空經常被認為是不好的，甚至會覺得是在浪費時間。但你知道嗎？放空其實有很多好處，同時也是精力管理中頗為重要的技術之一。了解「專注」和「放空」各自有其獨特的優點和缺點，可以幫助我們在不同情境下做出最佳選擇。透過合理的平衡和管理，我們可以在保持高效工作的同時，也能享受心理放鬆和創造力提升的好處。

以下是兩者優缺點的區別與說明，你會特別需要這個認知的迭代，至少我個人就因此升級了。

▼專注的優點

一、高效完成任務：專注力能夠顯著提高工作效率，使人在有限時間內完成更多的目標和任務。

二、提升工作品質：專注有助於減少錯誤，提高工作品質，尤其是在需要高度精確和細緻的工作中。

三、創造心流體驗：高度專注有助於進入心流狀態，在這種狀態下，個人會感受到極大的滿足感和成就感。

▼專注的缺點

一、高度耗能：長時間專注會導致心理疲勞，降低整體工作效率。

二、創造力受限：過度專注於某一個領域或任務，可能會限制創造力，減少從不同角度思考問題的機會。

三、暫時性盲視：高度專注於某一任務，可能會導致忽視工作或生活其他機會和平衡，如身體健康、人際關係等。

比爾・蓋茲（Bill Gates）以其極高的專注力著稱。在微軟公司的早期，他經常連續幾天高效編寫程式，不眠不休地專注於解決技術問題。這種專注使他和微軟迅速成為科技界的領頭羊，但過度專注的缺點，讓他在創建微軟的初期非常專注於工作，導致忽視了健康和個人生活。他後來承認，這種工作方式給他帶來了很大的壓力和健康問題。

▼放空的優點

一、大腦休息：短暫的放空和休息有助於恢復專注力，使人在重新投入工作時，能夠保持更高的效率和集中度。

神經科學類期刊的研究顯示，充足的睡眠可以提高五八%的注意力，而適度的短暫休息，也會產生同樣的效果。

二、促進創造力：放空或放鬆的時刻往往能激發創造力，使人能夠從不同角度看待問題，產生新的想法和解決方案。

每一次全新的體驗、學習知識或閱讀書籍，都是在收集新的知識點。這些知識點會被大腦自動地編入記憶，日後便能用到。當我們放空時，大腦會自動將這些已有的知識點串聯起來，形成新的概念或解決方案。就像烹飪一樣，將各種食材完美搭配，便能做出美味的菜餚。

蘋果公司的共同創辦人賈伯斯，以其創新和設計敏銳著稱。他經常會去印度進行靜修，練習冥想，讓自己的思維在放空狀態下自由發展。這種方法讓他在回到工作崗位時，能夠以全新的視角看待問題，從而設計出革命性的產品，如iPhone和MacBook。

三、多任務處理：放空可以幫助我們在多任務之間進行切換，使我們能夠更靈活地應對各種工作和生活的挑戰。放空是祖先留給我們的基因，讓我們可以在捕獵的同時，還能注意周邊的機會和威脅，因此，我們便容易在某個任務的當下獲得不同的想法和創意。

▼放空的缺點

一、降低工作效率：過多的放空會顯著降低工作效率，使人難以完成既定目標和任務。

二、錯誤率增加：經常放空可能導致更多錯誤和失誤，尤其是在需要高度精確的工作中。

三、決策品質下降：做決策時過於放空，可能會導致缺乏全面性的深思熟慮，最終影響決策品質。

我的偶像是理查·布蘭森（Richard Branson），當他創辦維珍集團（Virgin Group）時，經常參加冒險活動，如熱氣球飛行、風帆航行，這些活動可以幫助他放鬆心情，激發他的創新思維，使他能夠不斷推出新奇的商業想法。

愛因斯坦在研究相對論時，展現出極高的專注力，花費大量時間深入思考和計算，最終取得了劃時代的科學突破。而他也經常拉小提琴，這種放空活動有助他放鬆心情，並激發創造力，使他在面對科學難題時能夠找到新思路。

時時保持專注，可能會忽略分散注意力能給我們帶來的好處。當我們專注工作時，做白日夢也許會破壞生產力，但如果我們的意圖是養精蓄銳、創意發想或者達成長期任務，讓大腦放空反而可以帶來強大的助力。

	專注	放空
優點	• 高效完成任務 • 提升工作品質 • 創造心流體驗	• 大腦適當休息 • 促進創造力 • 多任務處理
缺點	• 高度耗能疲勞 • 創造力受限 • 暫時性盲視	• 降低工作效率 • 錯誤率增加 • 決策品質下降

放空帶來意想不到的收穫

「放空真的好嗎？」「放空感覺很浪費時間？」

「放空」長期以來多被視為較負面的意思，或許多數人對於放空仍有很多疑慮，以下要用我的好友芬芬的故事，來跟大家分享。

芬芬是一家中小企業的小主管，擔任主管職已有三年多的時間，她在工作上非常仔細，各方面能力也相當優秀，像是有三頭六臂一樣，身兼數個專案，常常一次性處理許多事。

她認為，只要自己經手的事項就不會出錯，所以團隊中大多數的事情，她都是親力親為、事事關心、反覆確認，而她也非常引以為傲。像個工作狂的她，每天近乎是朝九晚九的模式，甚至連週末也投入到工作中，她的生活幾乎已經被工作占據。然而，隨著年紀增加，芬芬也從原本的樂在工作，漸漸認為這份工作是無法承受的甜蜜負擔。

在她的女兒國中畢業考結束後，為了鼓勵女兒，芬芬難得狠下心來，請了一段長假，帶著女兒前往法國度假，跟女兒來一場只屬於兩人的旅行。這次的旅行讓芬芬長時間脫離了工作，過程中感受到久違的放鬆和悠閒，也不禁感嘆自己已經好久沒有跟女兒如此自在輕鬆地相處。回國後，芬芬開始反思自己的工作與生活之間失衡的問題，她意識到原先的工作模式並不是提升效率的唯一途徑。她開始進行團隊工作流程的優化，從繁重的任務中整理出新的工作方法，更重要的是心態上的轉變，讓她更願意透過引導與授權的方式，將任務交付給部屬，自己則是以定期會議、重點檢核，有效地掌握專案狀況。諸如此類的改變，不僅提升了團隊的整體生產力，讓團隊的績效變得更好，也建立了夥伴的成就感，使團隊氛圍充滿向心力。最棒的是，她自己也有更多時間上的彈性，可以真正地、有品質地陪伴女兒的成長，並與家人共度美好時光。

芬芬常常與他人分享，她在法國之旅後的生活、工作，乃至心態上的轉變。適時的放空，不僅能激發創新的思維，也能提高工作效率。在繁忙的工作與生活中找到平衡、學會放空，是每一位職場人士都需要掌握的重要課題。

如何將放空應用於工作中

一、用於創意發想：一項最新研究顯示，我們在放空的時候，四八％的時間會想到未來，其中四四％是在想當天稍晚的事情。因此，你可以設置一個十五分鐘的鬧鐘，在這段時間內任由思緒自由翱翔。當鬧鐘響起時，立即將腦海中的想法記錄下來。把這些想法寫下來並展示在眼前，你就能更好地規劃未來，在接下來的時間內有選擇地完成這些事情。

二、用於問題解決：首先，找出你想要解決的問題，然後有意識地讓自己的思緒圍繞這個問題進行漫遊和跳躍。在這個過程中，你會更有可能將一些想法連接起來，從而找到新的解決方法。當你用傳統方法無法解決特定的非線性問題時，比如該先買房還是買車，或者該如何處理一段關係，你可以讓子彈先飛一段時間，選擇放空一下。

三、用於恢復模式：在神經學層面上，專注模式和放空模式的大腦網絡，已證實是反向相關的。當一個模式被激發時，另一個就會徹底休眠。因此，當我們進入放空狀態時，負責專注的那一部分大腦會得到充分的休息，從而對於進入專注力狀態有正向作用。

如何刻意讓大腦進入放空的狀態，進行有效的放空，進而恢復精力、提升創造力呢？以下是一些實用的方法，有助你在專注和放空之間找到平衡：

一、定時休息：工作四十五分鐘之後，休息十五分鐘，讓大腦有時間放鬆和恢復。這種規律的休息有助於提高工作效率，避免過度疲勞。

如果你工作了一段時間後，發現無法集中精力，最好的方式就是停下來，讓大腦休息一下。即使你感到疲倦，大腦的休息並不需要你躺下睡覺，只需要改變一下大腦的運作方式。做點其他事情，就能帶給大腦一段良好的休息，例如遐想、做白日夢、活動身體和冥想。我個人最喜歡的方式是去倒杯咖啡，和身邊的同事聊聊工作以外的話題。

二、計畫性的放空：設定特定時段進行非工作相關的活動，如散步、聽音樂、冥想等，可以幫助大腦放鬆和恢復。這些活動不僅能夠減壓，還能激發創造力，為工作帶來新的靈感。

如同前文所述，每年九月我會抽出時間，一個人前往海島或深山，為來年的個人年度目標進行構思。這段旅程的前幾天，我會盡可能讓自己放鬆，參加各種運動或探險活動。到了最後兩天，我會開始將這段時間的思考和靈感具體寫下來，這時，我的腦海中通常會湧現許多新的想法和目標。創業二十幾年來，這個活動從來沒有讓我失望。

三、切換任務：交替進行不同類型的工作和活動，可以避免長時間專注於單一任務所帶來的疲勞和枯燥。這種切換有助於保持新鮮感和活力，讓大腦維持警醒和靈活。

我在創業初期是公司主要的業績創造者，每天至少要跑六個客戶，但不管多忙碌，我都會堅持在下午兩點到三點之間去咖啡廳喝一杯咖啡。這樣的習慣讓我能夠保持充沛的精力，直到下班後還能繼續完成晚上的任務。

四、創造無干擾的工作環境：在需要高度專注時，關閉通知，避免干擾源，創造一個無干擾的工作環境。在放空時段則可以放鬆要求，允許自己自由探索和休息。這樣的環境切換，有助於大腦在專注和放空之間順暢轉換。

微軟創辦人比爾．蓋茲每年都會進行「思考週」，在這段時間裡，他會遠離日常工作，專注於閱讀和思考，這樣的放空讓他在回到工作崗位時，能夠以更清晰的思路和創新想法進行決策。

找到專注與放空之間的平衡

總結來說，專注與放空各有其獨特的優點和缺點。專注能提高工作效率及品質，但長時間專注會導致心理疲勞，限制創造力。放空則能促進創造力和恢復專注力，但過度放空會降低工作效率和決策品質。

學會在兩者之間找到平衡，在專注與放空之間自由切換，能讓你更妥善地應對生活與工作的挑戰。放空並非漫無目的，而是讓大腦在放鬆狀態下重新充電，為未來的專注做好準備。

你必須學會合理安排休息時間，進行不同的活動，創造無干擾的工作環境，這些都能幫助你在高效工作的同時，也能獲得心理放鬆和創造力提升的益處。

「人們必須慢下腳步，思考自己到底在做什麼。」

——英國演員麥可・帕林（Michael Edward Palin）

圖解本章要點

優點

放空
- 大腦適當休息
- 促進創造力
- 多任務處理

專注
- 高效完成任務
- 提升工作品質
- 創造心流體驗

缺點

放空
- 降低工作效率
- 錯誤率增加
- 決策質量下降

專注
- 高度耗能疲勞
- 創造力受限
- 暫時性盲視

有效放空

➤定時休息
- 工作45分鐘後，休息15分鐘
- 改變大腦運作方式、活動身體
    - 遐想／冥想／做白日夢

➤計畫性放空
- 特定時段進行非工作相關活動
    - 旅行

➤切換任務
- 交替進行不同類型的工作和活動：咖啡時間

➤創造無干擾工作環境
- 關閉通知、避免干擾源：思考週

行動建議

一、每工作四十五分鐘就休息十五分鐘，定時休息讓大腦恢復。可起身活動、聊天或做白日夢等，以放空大腦。

二、利用午休時間做放鬆活動，比如冥想、聽音樂或外出散步，幫助大腦重新集中注意力。

三、定期安排如「思考週」這樣的時間，遠離工作，讓自己完全放空，可激發創新想法和長遠規劃的靈感。

■延伸思考

一、獨立工作者易缺乏團隊腦力激盪，如何有效激發創意思維？

二、在經常出差和旅行的生活作息下，如何平衡專注與放空？

三、如何在繁重的工作任務和長時間加班的狀態中，維持專注力又不過度疲憊？

Chapter

14

比專注更專注的關鍵方法——心流

「心流是一種感覺，一種全神貫注於比賽的狀態，讓你達到最佳表現。」

——Hank大叔

當電影情節出現在生活中

你看過電影《藥命效應》（*Limitless*）嗎？這是二〇一一年的美國科幻驚悚電影，講述了男主角艾迪．莫拉的人生奇遇。艾迪是一位失意的作家，生活困頓，事業無望，直到他遇見了一顆神奇的藥丸——NZT-48。這種藥丸能夠激發人類大腦的全部潛能，使艾迪瞬間變得聰明絕頂，記憶力、洞察力和創造力達到前所未有的巔峰。在藥效的幫助下，艾迪迅速崛起，從原本平庸無奇的身分脫胎換骨，進軍金融界，賺取巨額財富。然而，隨著時間推移，他逐漸發現藥物帶來的不僅是能力的提升，還有嚴重的副作用和致命的危險。最後，艾迪不得不藉由神奇的腦力來一場與時間賽跑的危險旅程，尋找破解藥物祕密的方法。這部電影探討了人類潛能與科技的雙面刃，引發了對道德界線和自我能力的深刻思考。

由於本書談的是精力管理，因此我們並不談論關於道德界線的議題，而是想藉由男主角在劇中的狀態，說明這在現實世界是可能發生的。本章節所談的心流，正是要帶領大家了解這種「比專注更加專注的關鍵方法」。

比專注更專注的技術

心流（flow），亦稱為「全情投入」，是一種心智狀態，由心理學家米哈里·契克森米哈伊（Mihaly Csikszentmihalyi）所提出，指的是當人們完全沉浸在某項活動中，並在挑戰和自身技能達到平衡時，所達到的一種高度專注和愉悅的心理狀態。在心流狀態下，個人的生產力和創造力通常會顯著提高，特點是高度的專注、集中和投入。這種狀態通常與高峰表現和生產力有關，根據美國心流集體研究中心執行長史蒂芬·科特勒（Steven Kotler）的研究，心流狀態下的生產力可以提高五〇〇%，創造力可提升六〇〇%，學習力亦可強化二三〇%。這適用於各種領域，從打破極限運動世界紀錄到完成日常家務，如果你訓練自己優化心流狀態，在一天內所能做的事，便能比平均一週做的更多。

心流也在精力管理中扮演著重要的角色，因為它可以幫助個人保持專注、提高動機和改善表現，所以我稱之為「比專注更專注的技術」。

當個人處於心流狀態時，通常能夠更好地集中注意力，減少干擾，提高效率。這種狀態也能帶來成就感和滿足感，有助於個人更妥善地控制自己的精力，提高生產力和表現。

心流也是精力管理的祕密武器

賈伯斯、伊隆・馬斯克和理查・布蘭森等人都曾經談過心流的重要性。賈伯斯曾經說過「心流是創造力的源泉」，而馬斯克則認為「心流是創造力的祕密武器」。你可能認為生命中最幸福的時刻是完全放鬆、不需要做任何事情，但是，實際上，這種時刻雖然讓人感到快樂，卻並不是最佳體驗。最佳體驗會發生在一個人為了一個艱鉅的任務，付出辛勤努力，將自己的體能和智力發揮到極致的時候。

在這種時候，人們感到自己有能力控制自己的行動，主宰命運，這就是最優體驗。這種體驗是人類自己創造的，類似於完成人生的初次馬拉松、完成第一場個人的大型演講。雖然在奮戰時可能不會感到愉快，甚至會感到疲勞，但活動結束後便會感到特別滿足，甚至體會到這是生命中最美妙的時刻。日復一日的生活體驗匯聚起來，形成了一種自主定義人生意義的強烈參與感，這就是人們所能想像的最接近幸福的感覺。

心流可以在多種場景中發生，例如：

- 在工作中，例如課程開發、設計、寫作等，心流可以提高工作效率。
- 在運動中，例如體操、籃球、足球等，心流可以促進運動員的運動表現。
- 在創作中，例如音樂、繪畫、寫作等，心流可以提升創作者的創造力。

以下也提供五個容易進入心流狀態的方法：

一、熱愛所做的事情

心流通常會在你熱愛、有挑戰性且擅長的領域中發生。找到那些讓你充滿熱情的活動，以便更容易進入心流狀態。

二、掌握專業技能

我長期以來一直在開發設計讀書會的方法，所以，我最常出現的心流狀態，是在設計一個新式讀書會的時候。我特別喜歡在週日上午七點到咖啡廳，打開電腦開始設計當週要交付的課程內容，我會處於蒐集、查找、構思和彙整的狀態中，一抬頭往往已經接近中午時分，而這就是我最頻繁出現的心流時刻。這也是丹尼爾・品克在《動機，單純的力量》（*Drive: The Surprising Truth About What Motivates Us*）一書中所提到的：「精通，是一種我們希望所做之事能表現得更好的渴望。」

總言之，要進入心流狀態，需要具備一定的技能，以便在挑戰中具備主控能力。當你能夠應對該項挑戰的同時，也保持十足的專注，通常就容易產生心流。

三、設定明確目標

我們都明白，長期的任務需要好幾年的時間才能達成。這些偉大的目標可說是使我們邁向遠大夢想的力量，例如，寫出一本暢銷書、成為知名的自媒體工作者、創立一間上市公司。這些都是偉大的目標。

而明確的目標則是用每天前進一小步的方式來完成任務，這種目標必須存在於更明確的時間表中。想成為偉大的小說家？你需要像日本知名小說家村上春樹一樣，每天起床跑步後，孜孜矻矻地撰寫五千字，如此一來，你才有可能逐步實現你的目標，當然，你也可以先從五百字開始。因此，明確的目標有助於進入心流狀態。你必須將大目標分解為小步驟，並知道如何達到這些目標。

四、挑戰與技能的平衡

我的朋友小郭是一位上班族，熱愛攝影。他喜歡捕捉風景和人物的美麗，但曾經有一段時間，他發現自己的攝影技巧似乎進入了瓶頸，難以有新突破。於是，他決定挑戰自己，想要嘗試一個他從未涉足的領域：動態攝影。這對他來說是個挑戰。一開始，小郭感到有點挫敗，因為他覺得自己的技術似乎不足以應付這種快節奏的拍攝。但隨著研究和練習，他逐漸掌握了動態攝影的技巧，也開始享受起挑戰的過程。

每當他捕捉到一個難得的瞬間，例如一輛奔馳的重機或跑道上的選手，他都感到自己進入了一種心流狀態。小郭挑戰了自己的攝影技巧，並選擇了一個稍微高於他現有水準的任務。這不僅擴展了他的技能，也讓他能夠進入心流狀態，獲得更多的能力成長和滿足感。

在焦慮和無聊之間，有一個神奇的境界，讓人很容易進入專注的狀態，那就是心流。更確切地說，當挑戰的難度略高於自己技能的五%至一〇%時，心流最容易發生。

五、即時回饋和獎勵

當你參加長距離的運動挑戰，例如全程馬拉松、百岳攀登或戈壁健行等等，在過程中看見你所在距離的公里數，便是讓你更能堅持完賽的方法，也就是獲得即時的回饋，以調整行動並保持專注。這種回饋可以在完成任務後獎勵自己，更加增強積極正向的體驗。

進入心流，在有限中找到無限

在探索心流的奇妙世界時，我們不僅發現了提高專注力和生產力的祕密武器，更深入理解了精力管理的核心價值。心流不僅讓我們在工作、創作和運動中表現出色，還讓我們體會到了自我超越的愉悅。

這種心流狀態更是一種生活方式的體現，透過練習，我們能夠更妥善地控制自己的精力，提高工作效率，實踐更多的可能性。讓我們一同追尋心流，享受這段旅程，發現其中的無限可能性吧！

今天以前，我們都在追求心流狀態，然而從今年開始，《EQ》的作者丹尼爾．高曼（Daniel Goleman）提出「最佳狀態」（Optimal）的概念，讓我們除了心流之外，還有另一種選擇。

關於最佳狀態

心流狀態是一種深度專注的體驗，適合需要高度集中和創造力的情境，而「最佳狀態」則能幫助人們在日常生活中，保持穩定的情緒和專注力。兩者雖然目標相似，但實現方式和重點不同。雖然心流的狀態非常出色，可以讓你感受到巔峰狀態，但心流是我們人生中非常罕見、甚至難以捉摸的事件，是可遇而不可求的，所以丹尼爾・高曼建議我們可以追求一種掌握度更高、更能持續維持的狀態，那就是「最佳狀態」。

最佳狀態指的是，我們對於自己度過了美好的一天而感到滿足，而且按照自己設定的標準來看，這一天是有成果的。也就是說，當我們感覺自己在重要的方面做得很好，心情上也會有助於我們所做的事，並且讓我們準備好迎接任何挑戰，這便是最佳狀態。

最美妙的是，最佳狀態是一種「每天」都可以達成的狀態，因此我認為，相對於難以企及的心流，這是一種CP值更高的技術。高曼提出我們應超越心流，轉而專注在我們可以掌控的最佳狀態上。當一個人身處於最佳狀態，便會展現出源源不絕的能量、自信、效率、高度生產力。那麼，要如何達到這種狀態呢？

照顧好自己的「心情」很重要

設定清晰的目標和優先級是關鍵。明確釐清你需要完成什麼任務，並將其分解成較小的、可管理的步驟。再來就是建立適合自己工作的環境，比如減少干擾、保持整潔等。也要記得定期休息和反思進展，確保你不會過度疲勞，以保持精力充沛。丹尼爾・高曼提出的最佳狀態，與傳統的專注力提升技巧相比，不同之處在於，他更注重透過調整個人整體的心理狀態和情緒，以創造與維持最佳表現的環境。而傳統技巧通常強調如何透過具體方法，如時間管理、任務分解等，來提高專注力。

核心觀點是，達到最佳狀態不僅需要掌握技巧，更需要透過建立良好的心理和情緒基礎來保持專注。根據丹尼爾・高曼的描述，著名的運動員如籃球明星柯比・布萊恩（Kobe Bryant），他在職業生涯中經常談到如何透過心理訓練和情緒管理來保持最佳狀態。柯比的成功不僅僅仰賴他的技術和體能，也包括他如何管理壓力、調整心態，以及在比賽中保持專注。

圖解本章要點

心流（Flow），也叫全情投入
過程中呈現高度專注跟愉悅

五種容易產生心流的方法

熱情
- 熱愛投入
- 讓你廢寢忘食的活動

技能
- 擁有專業
- 具備主控能力

目標
- 步驟拆解
- 更容易執行

挑戰
- 加點難度
- > 技能5%~10%的程度

獎勵
- 即時回饋
- 看見進度

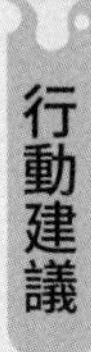

行動建議

一、找到工作中你熱愛和擅長的領域，設定明確、可執行的目標，在這些領域中積極追求提升能力，培養進入心流狀態的環境。

二、持續學習並掌握新技能，給自己適度的挑戰來突破現有水準，保持技能和挑戰略有差距的平衡狀態。

三、建立即時回饋的評估機制，適度給予自己獎勵，有助於保持動力和專注，更容易達到心流體驗。

■延伸思考

一、在僵化的工作環境和制度下，如何為自己創造心流所需的條件？

二、如何在辦公室這種容易分心的環境中，創造有利於進入心流狀態的條件？

三、身兼數職的人，如何在各種角色切換中達到心流狀態？

Chapter

15

心靈平靜的關鍵——儀式感

「儀式感就是讓某一天與其他日子不同，讓某個時刻與其他時刻不同。」

——《小王子》（*Le Petit Prince*）

想提升正向情緒和專注力？試著來點儀式感！

在我的生活中，儀式感體現在各種活動中，比如與好友聚餐、早起跑步、參加重要會議，甚至是睡覺。然而，最具代表性的儀式活動是我的閱讀習慣。過去幾年，每週固定的說書直播和每月四場讀書會，讓我與大量書籍為伴，並定期為企業高階主管帶領讀書會，這使我的生活充實而有序。許多人好奇我如何在忙碌中投入大量時間閱讀，而且還能追劇和活躍於社群平台。

對我而言，閱讀不僅是獲取知識的途徑，更是一種享受愉悅和專注的過程，讓我充滿期待和熱愛。為了讓讀書變得更有趣、更專注，我設計了一套具有儀式感的閱讀流程。每次在閱讀前，我會精心選擇一個舒適安靜的環境，點上薰香，讓整個房間彌漫著淡淡的香氣，或者播放一些輕柔的背景音樂。這樣的氛圍會讓我感到格外放鬆，使我能心情愉悅地打開書本。

翻開書之後，我會在封底簽上自己的名字，這個小小的儀式就像在宣告我與這本書建立了一段個人的聯繫。接著，我會在閱讀前思考並記錄一個問題，如此便能夠保持探索的心態，讓我更積極地投入到書中的世界。每隔半小時，我會設置一次提醒鈴聲，這不是打斷，而是讓我檢查自己是否理解了所讀的內容。每當鈴聲響起，我會進行一分鐘的深呼吸，放鬆心情，重拾專注力。

在閱讀過程中，我會使用紅筆標記書中的重點部分，並在書頁邊緣寫下自己的心得和見解。這不僅有助我更好地理解內容，還能在未來回顧時，看到自己當時的思考和感受。讀完一本書後，我會進行簡單的總結，用一句話介紹整本書的內容，找出三大知識點，並思考如何將其中一個知識點應用到工作中。這種方法不僅幫助我鞏固所學，還能提高實際應用的效果。

這套儀式化的流程，讓我的閱讀變得不僅僅是知識的吸收，更是一種享受的體驗。每一步驟都在強化我的正向情緒和專注力，讓我能更深刻地記住和應用所學的知識。

為什麼需要儀式感

儀式感是提升生活品質的一個重要方式，透過簡單、有意義的活動，可以讓你重新出發，找回屬於自己的平靜和動力。無論是早晨的冥想、午後的散步、定時的小旅行，還是與親友共度的美好時光，這些日常儀式都是生活中的重要中繼站，能夠幫助你在忙碌之中保持內心的寧靜和專注的力量。重新認識儀式感並將之融入生活，這些看似普通的小事，能夠帶來巨大的正向情緒和專注力。既然我們知道正向情緒可以提升精力狀態，那麼我們是否能透過日常的儀式活動來增加這種情緒呢？

生活中的儀式感原來如此簡單

以下將分享儀式感的作用，以及一些創造儀式感的方式。你可以試著用儀式感來創造專注力，或是學習放空：

一、儀式感提供安全感和穩定感：我每天早晨會做一個簡短的感恩練習，寫下三件感激的事情；下午茶時間則會喝杯喜歡的茶，靜靜地讀書或聽音樂。這些儀式活動會創造一種安全感和穩定感，讓我感覺到生活有秩序、有規律，這有助於減輕焦慮和壓力，促進正向情緒與專注力。

我的一位YouTuber朋友每天早上六點都會出門晨跑，回家後沖一杯咖啡，然後在陽台上閱讀十幾分鐘。這個儀式讓他感到一天的開始是井然有序、充滿積極情緒的，有助減少他的工作壓力。

二、儀式感提供心靈寧靜：靜坐冥想之前，可以加入一些前奏活動。心情煩悶的時候，我會點燃香氛蠟燭，播放輕柔的音樂，配合幾分鐘的深呼吸。儀式感可以使我們專注於當下，運用正念冥想來放鬆身心，讓大腦跟身體都放空休息。

三、儀式感強化自我肯定和自信：每天固定加入自我反思和設定小目標的活動，例如，每次運動後記錄下自己今天的進步、每晚閱讀前寫下明天的計畫和目標，並在達成後給自己一些小獎勵。這樣的儀式可以讓你每天都感到有成就感，增加自信心和動力。

此外，我們也可以用儀式感來提高工作上的專注力，以下分享四個方法：

一、工作前的儀式：開始工作前，先進行一個簡單的儀式，比如整理桌面、做幾分鐘的深呼吸或冥想，有助你進入工作狀態。

我有位著名作家朋友，每天早上都會先泡一杯他最喜歡的英式早餐茶，然後在固定的時間坐在寫作桌前，面對窗外，而且還得在日光充足的大白天打開檯燈，他說這樣的儀式能讓他迅速進入寫作狀態。

二、專注時段儀式：設立固定的專注時段，比如工作每經過四十五分鐘後，就站起來伸展一下，這可以讓大腦得到休息，提高後續的專注力。

我有一位朋友是任職於科技公司的人資長，他的專注力儀式是每次休息時段都會去公司的屋頂花園走一圈，這個儀式不僅能讓他放鬆眼睛，還能享受片刻的自然氣息，回到工作崗位後的專注度便大大提升。

三、結束儀式：工作結束時，可以做一些讓你放鬆的活動，例如寫下當天的成就，或是規劃明天的工作，這有助你脫離工作狀態，減少工作焦慮。

我的合夥人每天結束工作時，都會在日記本寫下今天最有成就感的一件事，這個儀式讓她在工作結束時都會感到滿足和愉快，時時都充滿正能量。

四、獎勵小儀式：在工作過程中可以設定一些小儀式，例如每完成一個任務便給自己一點獎勵或休息時間，這樣能保持動力。

我的一位知名Podcaster朋友每次完成一個階段性目標後，就會給自己一個小獎勵，像是吃一頓美味的大餐，這樣的獎勵讓他在繁忙的工作中也能保持良好的心情和動力。

這些方法將有助你在工作中建立穩定的專注習慣，也讓儀式感成為你專注的助力。

如何創造自己的儀式

關於如何設定專屬自己的儀式，我設計了一個具體的流程，可依照下列五個步驟來操作。以下會分享我發表演講的行前準備，來演繹建立儀式感的過程。

步驟一：確立目標。先釐清自己為何要創造這個儀式，是為了提升專注力、放鬆心情，還是創造正向情緒？

Hank大叔做給你看：我會事先做好演講前的準備，確保內容完備、有自信且游刃有餘。

步驟二：選擇時間和地點。選擇一個安靜、不會被打擾的環境，以及一個固定的時段，這有助於建立穩定的儀式感。

Hank大叔做給你看：我通常會選擇在我的辦公室進行，這是讓我感到舒適且專注的環境。在每週二、四上午九點到十點半進行準備工作，有助於我按照計畫，完成演講內容。

步驟三：準備工具。根據儀式的性質，準備所需的物品，如蠟燭、筆記本、特定音樂等。

Hank大叔做給你看：我會準備好所需的設備和材料，比如電腦、筆、A4白紙、便利貼以及一杯咖啡，還會點一些放鬆心情的薰香燈。

步驟四：設計流程。確認一些固定的動作或步驟，比如開始行動前的深呼吸、冥想，或者結束時的感恩練習。

Hank大叔做給你看：一開始我會先坐下來，閉上眼睛，進行深呼吸，讓自己的心情平靜下來，集中注意力。接著，將今天的目標寫在白紙上，比如完成第一部分的演講稿。過程中，我會用察覺鈴聲提醒自己有無分心，並記得休息。完成後，我會按照計畫，在筆記本上打勾，這可以使我獲得成就感。最後我會進行反思，記錄今天的進度，並計劃下一步的工作。

步驟五：反思與調整。儀式結束後，花一些時間反思這次儀式的效果，並記錄下來，也要持續調整，以達到最佳效果。

Hank大叔做給你看：當儀式結束後，我會回顧這個流程的效果，記錄我的感受和發現，以持續改善這個儀式。

儀式感，不只是儀式而已

儀式感不僅是一個習慣，更是一種心靈的寄託。透過特定的行為或儀式來增強生活的意義和目的感，並感受到實踐這些儀式的樂趣和好處，有助於創造正向情緒、提高專注力，進而提升精力，讓你更妥善地應對生活中的挑戰。

「儀式是一件很重要的事。它讓我們對在意的事情心懷敬畏，讓我們對生活更加銘記和珍惜。」——日本小說家村上春樹

圖解本章要點

	提醒	空間	獎勵

Never Give Up!

固定流程

▶▶▶▶創建自己的工作儀式

	工作前	工作時	結束時	給獎勵
步驟1 **確立目標**（釐清初衷）	靜心	專注	清空	激勵
步驟2 **選時間地點**（能不被打擾的）	空間	桌面	筆記	愛店
步驟3 **準備工具**（用得到的）	設備、材料、物品、資訊等			
步驟4 **設計流程**（固定的步驟）	開始、進行、結束、提示、獎勵			
步驟5 **反思調整**（記錄實施效果）	覆盤			

行動建議

一、開始工作前，整理桌面、進行幾分鐘的深呼吸或冥想，幫助自己進入工作狀態，減少分心。

二、設立固定的專注時段，比如工作每經過四十五分鐘就休息五分鐘，站起來伸展一下或四處走動。

三、每天工作結束時，寫下當天的成就，或是規劃明天的工作，有助自己脫離工作狀態。

■延伸思考

一、自由工作者如何運用儀式感，保持穩定的工作節奏和專注力？

二、如何利用固定的休息和反思儀式來保持一天中的高效狀態，並確保兼顧兩者的需求？

三、如何設計個人化的放鬆儀式，來幫助調整身心平衡和恢復精力？

Part 4

精神維度——活出人生意義

SPIRITUAL DIMENSION

在人生旅途中，我們很少能夠遇到一帆風順的時光。生活往往充滿了意外和挑戰，不論你的成就或職位多高，你都會面臨生活帶來的挫折和痛苦。這是每個人都會經歷的現實。

有時候，我們會陷入低谷，或是在未曾預料的困境中感受到挫折，這都是成長過程中不可或缺的一部分。

另一種情境是，當我們追求更高的目標或不同的生活意義時，必須克服生活中的惰性和不可預測性，這需要不斷努力奮鬥，面對挑戰和失敗。

如何才能保持初心，屢戰屢勝？除了身體力行、情緒穩定和思維清晰之外，我們也需要追求生活目標和意義。這正是精神維度在精力管理中的重要性所在。

透過釐清個人願景、使命和價值觀，我們不僅能獲得意義感和幸福感，還能提升心理的韌性，進而在這個ＶＵＣＡ＊時代活出自己。

在精神維度，我們首先需要理解願景、使命和價值觀對個人精力管理的深遠影響，然後展開行動計畫以實現策略目標，從而提升個人的精力來源，並持續成長。

* VUCA分別代表：易變性（volatility）、不確定性（uncertainty）、複雜性（complexity）、模糊性（ambiguity）。

Chapter

16

活出理想——願景、使命、價值觀

「世界上對勇氣的最大考驗，是承受失敗而永不喪志。」

——美國副國務卿羅伯特・英格索爾（Robert Stephen Ingersoll）

你有沒有遇過這樣的人？

他們看起來並不特別強壯，生活條件也沒有特別好，但卻能在自己覺得有意義的事情上長久堅持，而且做得非常出色，甚至登峰造極，展現出無窮無盡的精力。是什麼樣的因素讓他們能夠長時間保持如此充沛的能量狀態？

我想到了一位大家都很熟悉的傳奇人物——慈濟基金會的創辦人證嚴法師。她誓言「一日不作，一日不食」，身材瘦弱，但卻能夠號召全球上千萬信眾，在世界各地進行救災和公益活動。像她這般身體狀況的人，竟能如此堅持偉大的夢想，披星戴月、焚膏繼晷，不達目標絕不罷休，這真是令人感嘆人類精力所展現的無限可能。

其實，當我們還沒準備好用一生來追尋自己的夢想時，只會讓自己陷入迷茫。很多人常常一邊汲汲營營地生活，一邊夢想著遠方的美好。

優秀和平庸的差距

優秀和平庸的差距，往往只在於一件事，那就是優秀的人總是能數十年如一日地將一件事做到極致，而平庸的人則是做太多事，卻依然無所作為。

柯比・布萊恩在上千個太陽尚未升起的早晨不停鍛鍊，才得以獲得稱霸職業籃壇的「小飛俠」稱號。比爾．蓋茲研究了十幾年的電腦和程式，才得以讓微軟穩坐全球霸主的地位。無論你現在的生命歷程如何，不論是熱門還是冷門的行業，你都要找到你的夢想，靜下心來，努力不懈、勇往直前地堅持下去。如果你能堅持做一件事情二十一天，那麼它就會變成你的習慣。

你知道車子什麼時候最耗能嗎？

車子最消耗能量的時候，是在每一次的發動與煞車，生活亦是如此。在人生的道路上，往往會遭遇多個紅綠燈，不斷地走走停停。每次重新發動引擎、每次緊急煞車，都是一次消耗。我們該如何在有限的精力之下，擁有良好的生產力，減少那些迷茫、佇足等待的時刻，迎向通暢的康莊大道，是所有人都無可避免的課題，而精神維度或許正是給予你繼續前進的答案。要取得精神維度的力量，就需要找到你的「願景」、「使命」、「價值觀」。與此同時，也不妨問問自己：**現在的工作，是未來十年想要繼續投入的嗎？**

人生很短，沒有太多的時間和精力為太多不相干的事情分心；人生也很長，足夠你將一件事情做到最好。美食也好，美景也好，這世界有太多美好的事物，一定有一件事情值得你堅持一輩子，將一件看似簡單、但很有價值的事情用心做到極致。任何人都能從平凡變得卓越，從眾人中脫穎而出，而我們必須主動創造我們人生想要走的路。

如何維持這樣的精力狀態？

這就是本章所要探討的精神維度。透過對願景的期盼、人生使命的召喚和自我價值觀的實踐，有些人超越了體能的限制，做出一般人難以企及的功績。這就是精神維度的力量和價值。

精神維度主要談的是精力的方向，也就是你要將人生的精力選擇，放在哪些值得花一生去追求的目標上。在精力管理的範疇中，精神維度主要有三個構面：

- 願景
- 使命
- 價值觀

讓我們以商業的方式來介紹願景、使命和價值觀：

一、願景（Vision）

願景是對未來的一種理想化描述，是希望企業長期下來可以達到的狀態或成就。願景是未來方向的指南針，描繪出希望自家企業於未來所處的位置。例如，特斯拉的願景是「加速世界向可持續能源的轉變」。

二、使命（Mission）

使命是企業存在的根本原因和目的，描述企業為誰、做什麼以及怎麼做。例如，谷歌（Google）的使命是「整合全球訊息，使人人皆可訪問並從中受益」。

三、價值觀（Values）

企業的價值觀是其在經營過程中所堅持的基本信念和行為準則，它定義了企業文化，會影響員工的行為方式和企業的內部運營。例如，我所創立的太毅國際顧問公司的核心價值，包括熱情、堅持、創新、顧客導向，以及團隊合作。

有了願景、使命和價值觀，才能讓組織的壽命比人類長久。百年企業依然興盛、持續成長，這些都是創辦人精神主張的成果，可以讓成員了解組織的「為什麼」：為什麼而生、為什麼戰鬥，以及為什麼堅持不懈。同樣的道理，個人也需要精神維度。精力管理強調個人願景、使命和價值觀，這些是精神維度的關鍵要素，而這些要素不僅是個人精力的主要驅動力，還能帶來長期的動力和滿足感。

日本暢銷作家八木仁平說過：「這個世界上並不存在一個人比另一個人的智商多出一百倍的情況，但卻存在一個人比另一個人的財富多一千倍、甚至一萬倍的情況，主要的原因應該不是先天的條件，而是做對了一些選擇，也就是找到了人生之路。」這裡說的選擇，就是來自你對個人願景、使命和價值觀的認定。

個人願景、使命和價值觀的定義及內涵

一、個人願景

個人願景是對未來的長期展望和期許，是個人希望在未來達成的理想狀態或目標。它描繪了未來生活的藍圖，激勵個人在現實中朝這個方向努力。

《馬斯克傳》（*Elon Musk*）中提到，馬斯克在年少時期深受一些書籍的影響，分別是《怒月》（*The Moon Is a Harsh Mistress*）、《基地》（*Foundation*）和《銀河便車指南》（*The Hitchhiker's Guide to the Galaxy*）。這些書對他的影響極大，幾乎所有的商業計畫都受到它們的啟發。他的願景是讓人類能跨行星生存，讓人工智慧來保護人類，並保存人類文明的火種。馬斯克創辦了SpaceX、特斯拉、無聊公司（The Boring Company）、xAI和Neuralink，都是為了實現這些願景。

《牧羊少年奇幻之旅》（*The Alchemist*）一書中提到：「當你真心渴望某樣東西時，整個宇宙都會聯合起來幫助你完成。」這句話非常能體現願景的力量，因為當你看到你內心的未來藍圖，便會指引你去連結相關的人事物，以創造所需的力量和資源。

二、人生使命

個人使命是對人生目的和意義的闡述，說明個人為什麼而活、什麼是自己生活的核心驅動力。其價值是讓生命產生意義、具體的行動指南、內在驅動力。

不可諱言，擁有使命感的人不多，畢竟使命感通常是一種生命召喚。我個人是在四十二歲才獲得人生的使命：「熱情敢變，創造人對改變的熱情。」（Passion to Change）因此，我們不需要特意追求，而是可以從個人工作或生活中尋找意義感。

三、核心價值觀

個人價值觀是我認為非常重要且十分珍視的原則和標準，也是衡量對與錯、好與壞的基準。價值觀會影響個人的決策、行為和態度。創業初期，我的創業導師告訴我：「願景會告訴你該做的事情，價值觀則讓你去除不該做的事情。」美國知名投資家華倫．巴菲特（Warren Buffett）以其價值觀著稱，他強調誠信、簡樸和長期價值投資。這些價值觀影響了他的決策和行為，讓他在投資界取得巨大成功。巴菲特的誠信和簡樸的生活方式，使他在競爭激烈的投資界脫穎而出，並長期保持領先地位。

精神維度是精力管理的關鍵，透過願景、使命和價值觀這三個要素來驅動和引導個人行動。這些要素不僅能提供長期的動力和滿足感，還能幫助個人克服體能的限制，達到一般人難以企及的成就。正如迪士尼的創辦人華特・迪士尼（Walter Disney）所說：「如果我們有勇氣追求，所有夢想都能成真。」透過對願景、使命和價值觀的追求和實踐，我們都能找到那扇為我們開啟的門，並在其中發現無限的可能性和力量。

「當你全心投入於比自己更偉大的事物中，你會獲得更多的能量。」

——美國牧師諾曼・文森特・皮爾

圖解本章要點

Vision Mission Values

精神維度	V 願景	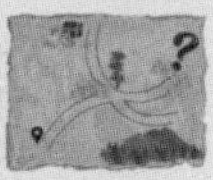	**想去到何處？** 對未來的理想化描述 →長期內想要達到的狀態 特斯拉：「加速世界向可持續能源的轉變。」
	M 使命		**爲何要前往？** 是存在的根本原因與目的 →爲誰、做什麼、怎麼做 Google：「整合全球訊息，使人人皆可訪問並從中受益。」
	V 價值觀		**要如何抵達？** 執行過程中的信念與準則 →企業文化、公司營運的準則 太毅國際：「熱情、堅持、創新、顧客導向和團隊合作。」

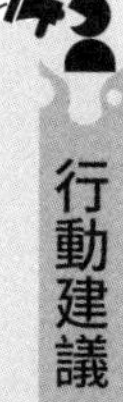

行動建議

一、花時間思考並定義你的長期目標和理想狀態，如此才能有清晰的方向，激勵自己在工作和生活中不斷努力。

二、找出你的核心驅動力，將其轉化為具體的行動指南。例如，釐清你工作的根本目的是什麼，並讓這個使命驅動你的日常行為。

三、定義並堅持自己的價值觀，如誠信、創新或團隊合作，這有助你在面對挑戰時做出正確的決策，保持職業和個人生活的一致性與穩定性。

■延伸思考

一、身為自由工作者如何保持對工作的使命感？

二、如何在工作倦怠的狀態下重拾對工作的熱情？

三、如何在穩定的職業生涯中找到長期願景？

Chapter 17

打造你的個人願景與價值觀

「一個人至少要擁有一個夢想，有一個理由去堅強。心若沒有棲息的地方，到哪裡都是在流浪。」

——作家三毛

願景的價值與意義

從精力管理中的精神維度來看，打造個人願景有助於精力管理，因為它不僅僅是設定目標，更是激勵你內在動力的根源。願景會幫助你確立自己的價值觀和生活意義，讓你的每一步行動都更有意義和動力。願景不只是我們生活的指南針和方向，還能激勵我們超越現狀。當我們立定自己的長遠目標，並以實際行動來實現，就能在過程中感受到成就感以及自我成長的滿足感。（關於願景的定義與細節描述，詳見上一章。）

願景對個人的意義和價值為何？

一、方向性指導：個人願景陳述可以幫助你確立自己的長遠目標和方向，使你的行動更有目標性與一致性。

二、激勵與動力：清晰的願景能夠激發你的內在動力，讓你努力達成具有意義的目標。

三、自我評估和進展：透過願景陳述，你可以定期評估自己的進展，確認自己是否正在朝向理想生活邁進。

你對未來有信心嗎？

先前有報導指出，許多美國人對國家的未來很沒有信心，但對個人的未來卻很有信心；反之，中國人對國家的未來很有信心，對自己的未來卻沒有信心。關於這篇報導，你的想法是什麼？你對自己的未來有信心嗎？我發現大部分人在超過三十五歲之後，便不願意、甚至是不敢打造自己的願景或夢想，為什麼呢？是因為對未來沒有信心嗎？以下是幾個可能的主要原因：

一、穩定性與安全感：隨著年齡增長，人們開始面臨家庭和職業方面的責任，可能會感受到來自社會期待和現實生活的壓力，因此更傾向於追求穩定性和安全感，而不願冒險去追求新的願景或夢想。

二、缺乏時間和精力：職業生涯的壓力和生活中的其他優先事項，可能使人們感到缺乏時間和精力來專注於打造願景或追求夢想。

三、缺乏清晰的目標和方向：有些人可能缺乏對自己未來的明確願景或夢想，不知道從何開始或如何實現。

許多人確實很在意設定自我願景的承諾，儘管只是跟自己許下的承諾，卻還是會擔心自己辦不到，或者被別人發現自己沒做到。我在自己開辦的「敢變工作坊」中，常常對學員說：「這是你的人生，你有權利設定這樣的願景，當然也有資格更改或拿下這個夢想。」如果這還不能說服你，在此還有另一種選擇：將個人願景改成撰寫夢想板，讓這個過程變得更有趣且輕鬆，也有可能激發更多創意。這種方式可以讓人更自由地表達自己真正想要的生活，無論是職業目標、家庭生活、旅行夢想或個人成長。你覺得這樣的改變對於你自己或其他人會有哪些具體的幫助？後文將詳細說明如何創作自己的夢想板。

了解個人價值觀和人生意義

要打造個人願景，首先需要了解個人的價值觀和人生意義。價值觀和意義與個人願景密切相關，因為個人願景不僅是設定目標的過程，更涉及到為什麼你要達成這些目標，以及這些目標如何符合你的內在價值和意義。當你確立了自己的願景，便會更清楚知道自己的價值觀和生活意義，有助於激發內在動力和決心，讓你更有動機去追求這些目標。因此，個人願景不僅僅是表面上的目標設定，更是深深扎根於你的核心價值和生活目的之中。

打造個人願景的第一步

要打造個人願景，首先要反思自身的核心價值和人生意義。這不僅是一個理論概念，而是一種實踐過程。

以下我將透過創辦太毅國際顧問公司的經歷，來分享如何一步步建構清晰的個人願景。

▼步驟一：反思價值觀和人生意義

一、自省和反思

首先，深入思考你的核心價值和原則是什麼。什麼對你來說是最重要的事？這些價值和原則在你生活中的行為和決策背後，扮演了什麼樣的角色？

我創業時只有二十七歲，經驗和資源十分有限。因此，我確立了幾個關鍵價值和原則：學習、熱情、堅持、創新、顧客導向以及團隊合作。這些價值觀幫助我保持正向積極的態度，持續學習，並以顧客為中心，產出創新的想法和戰略。因為年輕和經驗不足，我特別注重團隊合作，與夥伴一起面對市場挑戰。

二、寫下來

將你的思緒寫下來，可以是一張清單或一些關鍵詞，描述你認為你的生活中最重要的價值觀、你對生活的熱情、你最感興趣的事物等等。

我最感興趣的是保持熱情、了解行業中領先的同行在做什麼，並帶領夥伴實踐各種策略和行動。在執行的過程中，不斷與客戶交流、反思和調整，也是我熱情的來源。

三、觀察行為和優先順序

觀察你的行為模式和日常選擇，這些行為將揭示出你真正重視的價值觀。

我特別重視如何快速獲取新知識與方法，以加快追趕競爭對象的速度。為此，我主動積極地學習任何與市場戰略和組織發展相關的知識。

四、與他人交流

與親密的朋友或家人討論這些話題，表達你的感受與想法，並請他們分享他們的洞察與回饋。

創業前一年，我和十位最親密的學生時代社團朋友進行了一次「優點轟炸」活動。他們給了我很多肯定和建議，強調了我的熱情、正向積極、堅持和領導魅力。這次活動讓我更有信心站在團隊的最前方，帶領夥伴實現我們共同的願景。

▼步驟二：想像未來的理想生活

接下來，想像未來幾年或十年，你希望達到什麼樣的生活狀態？

我的目標是在十年內成為台灣最大的培訓公司之一，並成為培訓界的領導人物。同時，我希望能協助夥伴們在各自的人生舞台上成為巨星。

▼步驟三：寫下你的願景

將你的核心價值和人生意義結合起來，寫下一段清晰、具體且激勵人心的願景陳述，描述你所希望的未來狀態和你的核心價值將如何反映在其中。

太毅國際顧問公司的願景：「成為台灣培訓界的領跑者，引領組織無限升級。」我們期許夥伴能夠協助企業的人才發展，因應改變，進而提升競爭力。

若想撰寫個人的願景陳述，可以考慮以下元素。

一、**具體描述**：敘述你希望自己在未來幾年或更長時間內達成的具體目標和生活狀態。

二、**個人價值觀的反映**：將你的核心價值觀和信念融入願景陳述中，確保它符合你的生活方式和目標。

三、**涵蓋的生活領域**：你在不同生活領域（如事業、個人發展、家庭、健康等）中想要實現的目標。

四、時間框架：設定一個時間框架，讓你能夠衡量進展和調整計畫。

五、個人啟動行動計畫：列出實現願景所需的具體步驟和行動計畫，確保你朝著理想生活進行積極的努力。

▼步驟四：設定短期和中期目標

將長期願景分解為短期（一年內）和中期（一至三年內）的具體可量化目標和行動計畫。

一、確立長期願景和中短期目標：長期願景是五年或十年內實現的大目標，中期目標則是一至三年內實現的次要目標，再分解為一年內的短期目標。

二、設定短期目標和里程碑：根據中期目標來設定每年、每季或每月的具體短期目標和里程碑。

三、制定具體計畫和行動步驟：為了實現這些目標，要制定具體的計畫和行動步驟。要確保每個行動步驟都與你的願景保持一致。

四、分配資源和責任：確認完成這些計畫所需的資源和責任分配，包括時間、人力和財務資源。

五、監控和評估進展：定期監控和評估計畫的進展，並根據需要來調整計畫。

▼步驟五：持續調整和反思，定期回顧你的願景

定期檢查你的進展，並調整你的目標和計畫。生活隨時會有變化，你的願景也應該隨之調整，以保持真實性和可行性。

萬一沒有願景……

如果你現在還沒找到想要花一生去追求的願景，也可以先寫下你的「夢想板」。關於夢想，先不用想像得太過沉重。或許你正處於經濟壓力很大的狀況；或許你的小孩才剛出生；或許你才剛進入一家新公司；或許你才剛升遷為小主管……，許多的責任與壓力讓我們沒有多餘的力氣去思考。但沒有關係，因為我們不必現在就完成夢想。你還是要懷抱那些大大小小的夢想，那是你生活的動力，即便現在沒辦法完成，並不代表明年沒辦法完成，也不代表你未來不會完成。夢想會在無形之中驅動我們努力行動。夢想是人生的燈塔和指引，有了夢想，我們便不會陷入迷失的漩渦，也更能夠清晰地朝我們的心之所向前進。

▼夢想板，是夢想的起點，也是願景的開端

如果覺得打造個人的願景有困難或有壓力，可以先製作自己的夢想板，再來思

考能否將夢想轉變為更有強度的個人願景。至於如何製作夢想板，可以透過以下步驟來達成：

一、先花一些時間反思自己的價值觀、興趣、天賦和生活目標，這能幫助你確定哪些是真正重要的事情。

二、將所有的夢想寫下來，不需要篩選，讓想像力自由流動。

三、將夢想轉化為具體的目標和願景陳述。確保每個目標都是具體、可測量且有時間框架的。

四、確保你的夢想和價值觀相符，這樣才能增強動機和持久性。

五、思考達成夢想的路上可能會遇到的挑戰，並制定應對策略。

打造個人願景是一個自我探索和成長的過程，能使我們深入了解自己的價值觀和生活意義，並用這些核心價值來指引我們的行動。無論是追求工作上的成就，或是個人生活的滿足，願景皆為我們提供了方向和動力。無論你現在幾歲，都可以勇敢地設定和追求夢想。透過創作夢想板或撰寫願景陳述，我們可以將抽象的夢想具體化，並制定實際的行動計畫來實現它。在這個過程中，我們不僅會更清楚地看到未來的目標，還能感受到每一步的成就感和自我成長的滿足感。讓我們勇敢地面對未來，堅定地追求夢想，打造充滿意義和成就的人生。

「人因夢想而偉大，夢想因人而實現。」

——佚名

我的夢想板		
類別	項目	執行指標
健康	• 完成鐵人三項226公里 • 戈壁沙漠100公里馬拉松完賽	• 每週騎車累計400公里 • 每週跑步累計100公里
家庭	• 全家去美國度假半年 • 搬家至台中	• 規劃美國旅遊景點 • 尋找台中房仲進行置產規劃
事業	• 出書 • 課程	• 書店銷售排行榜前十名 • 成為兩岸企業讀書會的標竿課程

圖解本章要點

我想成為一個……

目標	健康	家庭	工作	社交	休閒	學習
長期						
中期						
短期						

打造個人願景

➡ 沒夢想，可以先從「夢想板」做起，將願景可視化

寫下 價值觀與人生意義	➡ 什麼對我很重要？
想像 未來的理想生活	➡ 我想要的未來是？
整合 上述內容描述願景	➡ 我的願景是？
設定 中短期目標	➡ 我可以進行的是？
調整 檢查與反思	➡ 我可以修改的是？

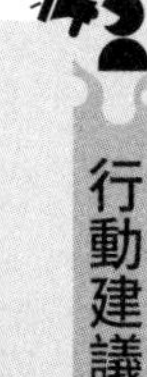

行動建議

一、每月花些時間反思你的核心價值和生活目標，將這些思緒寫下來，形成清晰的願景陳述，這有助於你保持前進的動力和方向。

二、將你的夢想和目標以圖片和文字形式展示在夢想板上，並放在每天都能看到的地方，這可以提醒你時刻關注與追求你的願景。

三、將你的長期願景分解為具體的中期和短期目標，制定每年的行動計畫，並定期檢查和調整進展，確保你在實現願景的路上穩步前進。

■延伸思考

一、如何在工作與生活之間找到平衡？

二、如何保有持續的專業成長和競爭力？

三、如何在現有的工作中實現職涯願景？

Chapter

18

推動自己，影響夥伴——使命感的召喚

「讓台灣看見海洋，讓世界看見台灣。」

——台灣首位泳渡英吉利海峽泳手許汶而

許汶而教練是我的游泳教練，號稱是全台灣讓最多大叔成為超級鐵人的傳奇教練，她更是台灣第一位泳渡英吉利海峽的女性！她的學生不乏上市公司高階主管，或是事業有成的創業家，而她能夠讓這麼多的大老闆都敬佩的祕訣，除了她的教學技巧之外，更多的是她帶領學員面對開放性水域的能力。

然而，她的故事不僅止於此，汶而教練跟我分享過，她的人生有一個使命：

「讓台灣看見海洋，讓世界看見台灣。」台灣是一個海島國家，但她發現住在島上的人民多數都不太親近海洋，甚至認為海洋有諸多限制，也沒有完善的配套措施，這是非常可惜的。在世界上，有些國家會充分使用周圍的海洋資源，人民也熱情地擁抱海洋，將海洋與許多休閒運動結合起來，融入到當地的生活中。汶而教練為了完成「讓台灣人擁抱海洋」的使命，決定以自己作為代言人，想要產生影響力，激勵所有對海洋感到好奇、有熱情的人們，勇敢地擁抱海洋，並投入熱情去接納海洋。

為了實踐使命，她決定進行Oceans Seven世界七大海洋挑戰*，透過她身體力行的挑戰，讓台灣人認識她，也讓全世界的人認識台灣，進而感召更多人。她遠赴

---

* Oceans Seven 世界七大海洋挑戰是一項游泳挑戰賽，於二〇〇八年提出，相當於游泳比賽中的七大高峰登山挑戰賽。七大海洋包括北海峽、庫克海峽、摩洛凱海峽、英吉利海峽、卡塔利娜海峽、津輕海峽和直布羅陀海峽。

英國，加入七大海洋的訓練團隊，這個選擇其實十分困難，要面對親朋好友的擔心與質疑，要面對孤身一人在異鄉的身心靈方面的孤單，更要面對每天艱苦的訓練。她每天在水下要練習長達六至七個小時，沒有任何禦寒措施，全程都待在十五度的海水中。在游泳的當下，只有那片水域和自己共處，她必須克服如此高度的心理孤寂，在又餓又冷的情況下，不間斷地游泳數十公里，挑戰身體跟意志力的極限。

「為何要這麼累呢？」她其實也出現過很多次想放棄的念頭，但是，每當使命感的召喚出現，那股不服輸的毅力，在在促使她堅定自己的信念與決心，度過重重難關。最終，她在二〇二四年七月成功泳渡英吉利海峽，也成為台灣史上第一位做到這個創舉的人。

我相信，如果你有使命感，就可以做到那些你原本以為你做不到的事。當然，我們並不需要將使命感設定得很高、很遠，但不可否認的是，使命感是一個驅動潛能的重要動力，也是精神維度的重要精力來源之一。

為什麼需要使命感？

在精力管理的精神維度中，「使命感」被認為是一個關鍵因素，能夠讓人找到內心深處的驅動力和熱情，進而提升整體的精力水準。

我個人是在四十二歲的時候開始反思人生，找到了自己的使命：「Passion to Change——熱情敢變」，這個使命源自於我對生活充滿好奇心，以及對學習和改變的熱情。這樣的我不僅影響了自己，也感染了身邊的朋友和夥伴。

探索學習與改變的奧祕

在從事培訓工作的過程中，我走訪了台灣從北到南的各地企業，接觸了各行各業的人士，探討如何進行有效的培訓。一位資深顧問曾告訴我們，我們不僅是培訓公司，更應該是學習公司。這句話深深地觸動了我，也激發了我對行為改變和實際成果的重視。我開始領悟到，真正的價值不僅在於學習，更在於改變。

後來，我參加了美國人才發展協會（Association For Talent Development）年度論壇，深入了解學習的各個層面和影響力，包括學習反應、行為改變、成果和投資報酬率。這些經驗使我更加確信，學習的本質在於改變。

以熱情推動改變

有了這份使命，我開始思考自己可以做出的貢獻。除了透過太毅國際顧問公司協助企業主管和員工提升能力，推動行為改變以提高組織績效之外，我還利用O2O社群模式成立了「書粉聯盟」，推廣讀書會社群，並開發了「敢變工作坊」，幫助個人在生活和職涯發展中採取積極行動。

這份使命感激發了我持續投入、不斷迸發新創意，影響了更廣泛的群體。這些事業發展和成就的多面向成果遠遠超出我的預期，帶來了深刻的個人成長和成就感。我深信這正是使命感賜予我的力量。

為何使命感能提升精力狀態？

為什麼使命感能提升我們的精力狀態？主要原因在於，使命感能提供明確的目標和方向，讓人感到自己的努力是有意義的。這種內在的驅動力，比外在的獎勵或壓力來得更持久且強大，如同知名作家羅賓．夏瑪（Robin S. Sharma）所說：「當你知道自己的使命時，整個宇宙都會為你讓路。」使命感也能幫助人們在面對挑戰和困難時，保持堅韌和樂觀的態度，從而更好地應對壓力和疲勞。

什麼是使命感的召喚？

我認為，若能在一件事情上找到意義，覺得這是一輩子都值得做的事，然後堅持不懈地做這件事，本身就是一個很重要的過程。關於召喚使命感的方法，我非常推崇《使命感，就是超能力》（*Leading from Purpose: Clarity and the Confidence to Act When It Matters Most*），這本書用天命來突顯使命感的價值，也用一段話來說明使命感：「有了天命，一切都有了意義；沒有天命，人生有時美好，有時則否。」這也對應了精神維度在精力管理中所代表的方向與價值。

接下來，我們將討論如何獲取人生的使命。我讀過許多相關的書籍，也將所聞所學親身實踐，在此分享三個召喚使命的技巧：

一、認識自己：你可以透過自我反思和意識到自己的價值觀及人生目標，再經由與他人的互動和回饋，來確認與自己目前的差異，進而調整自身認知，並運用科學化的工具進行測試，例如ＭＢＴＩ邁爾斯布里格斯性格分類法、生命靈數或人類圖等工具。我始終認為，每一個進入職場的人，該做的第一件事、也是最重要的事，就是花時間研究自己。我經常遇到一些三、四十歲的人，還在說他覺得自己更適合做什麼，言下之意就是他又找到一個新的工作或職業，但這是不是也表示他過去一、二十年並不了解自己可能身處於不適合的專業或位置上？所以，如果你還沒有經歷認識自己的過程，請趕快完成這件事。不過，若你過去曾經花力氣認識自己，也別以為現在就是這個樣子、已經永遠定型。我們的人生旅途是動態的，你會因為角色改變、價值觀轉變，進而更動你的信仰和人生目標，所以你還是得定期探索自己。

二、探索興趣和熱情：我非常認同《做自己的生命設計師》（*Designing Your Life: How to Build a Well-lived, Joyful Life*）一書中所提到的方法，這本書提供發掘個人熱情的方式，透過好時光日誌的紀錄，發現日常的生活狀態，分別是：「專注狀態」，對於什麼事情特別容易投入、甚至會進入心流的狀態；另一個是

「精力充沛的狀態」，做什麼事會讓你越做越起勁、完全不想停下來。持續三週後，開始進行反思，就可以發掘自己最有熱情的事。

三、尋找啟發和模仿的榜樣：我的榜樣是英國企業家理查．布蘭森，他是維珍集團的創辦人，以冒險精神和創新著稱，與我的使命「熱情敢變」有著異曲同工之妙。理查．布蘭森所創立的維珍航空公司，挑戰了傳統航空業，推動航空服務和乘客體驗的改革。此外，他成立和發展的太空旅遊公司維珍銀河（Virgin Galactic），致力於使私人太空旅遊成為現實，也是一個顯著的創新和冒險。

他的使命感主要呈現在三個方面：推動太空旅遊和科技創新，改變航空業和其他產業的運營方式，以及積極參與社會和環境議題。我也希望可以和他一樣持續創新，並且對社會做出貢獻。

當你認識了自己、探索自己的興趣和熱情，並找到啟發之後，若要讓這些轉化為你的使命感，可以進行以下具體步驟：

首先，確立一個明確的目標或目的，這可以是一個具體的社會或個人問題，而你想要透過你的興趣和熱情來解決或改善。

然後，制定一個行動計畫，包括具體的里程碑和時間表，以實現這個目標或目的。接著，積極參與相關的活動和項目，努力學習和成長，這有助於你在你選擇的領域中建立信心和影響力。

再來，與其他志同道合的人合作，建立支持系統和合作夥伴關係，這不僅能增強你的影響力，還能擴展你的影響範圍。

最後，持之以恆地追求你的使命感，不斷評估和調整你的策略，以確保你在達成目標的過程中能夠保持動力和效果。無論我們身處何地、從事何種職業，擁有使命感都能引領我們找到生命的意義和方向。

記得要探索並發掘自己的使命，讓每一天都充滿動力和目標。改變世界從來不是少數人的專利，每個人都能透過追求和實現自己的使命，為這個世界帶來積極的影響。

如何活出意義

倘若你現在無法確定你的使命感為何，你可以用另一個更簡單的方法，就是找到生活和工作中的意義感。

事實上，透過一些簡單而實際的方法，我們可以激發出強烈的意義感，也能提升自己的動力和成就感。

有一個故事是這樣的：一位旅行者在義大利的工地遇到三位水泥工，他首先詢問第一位水泥工在做什麼，得到的回答是：「我在砌牆。」接著，他問了第二位水泥工，對方則說：「我在建造一間房子。」當他詢問第三位水泥工時，這位工人充滿熱情地回答：「我在建造一座讓大家心靈得到停泊的大教堂。」同樣的工作，因為不同的視角和認知，展現出截然不同的意義感和動力。

這個故事告訴我們，無論任務多麼平凡或艱難，關鍵在於我們如何看待它。

有人曾說過：「會賺錢的人跟不會賺錢的人，最大的區別在於不會賺錢的人其實不是想要賺錢，而是想要花錢。但是，會賺錢的人並不是多想賺錢，只是單純享受賺錢的感覺。」有時候，想做好一件事，通常只是喜歡上這件事本身，而不是只想努力去完成這件事。

因此，要做好一件事，有一個重要的關鍵，就是懂得「管理事情的意義感」。

如何創造意義感

你可以從兩個面向來著手，分別是生活跟工作。

要找到生活中的意義感，我們可以將生活當作一場「尋寶遊戲」。每天完成小挑戰，例如學習一項新技能，或與朋友分享一個故事。每完成一項，就可以在清單上打勾，這能讓生活充滿成就感。

每個月我都喜歡為自己設定一些小任務，這些任務讓我的生活充滿了意義。例如，我會挑選一個主題，並決定在一年內深入研究這個主題的相關書籍。每兩個月，我至少會讀完一本與這個主題相關的書，然後將我的心得分享給夥伴們，或是舉辦讀書會進行交流。對於從事培訓工作的我來說，這是一種成長方式，也為我帶來生活中的樂趣和意義。

同樣地，你可以想像自己在一個大型合作遊戲中，尋找自己的角色定位，也就是找到工作中的意義感。

身為執行長，我每年總會在工作中創造小突破或創新專案。我會基於當年度公司最需要發展或最缺乏的能力或資源，進行新專案的推動或管控，透過自己的發想和構思，帶領公司執行這個專案，並經由過程中所創造的價值來反映自己於工作上的意義感。

當你感到迷失或困惑時，不妨試著尋找生活和工作的意義感。設定小目標，挑戰自我，並找到你在每一項工作和日常生活中的獨特角色與貢獻。這不僅會讓你的每一天更有意義，也會讓你在過程中收獲滿滿的動力和成就感。

「生命的真正意義不在於一個人的立場，而是在於他在挑戰和爭議時所堅持的立場。」

——美國人權主義者馬丁・路德・金恩（Martin Luther King, Jr.）

圖解本章要點

當你知道自己的使命時，
整個宇宙都會爲你讓路！

➤➤➤ 轉化使命感的五個具體步驟

找	訂	參	尋	做
明確目標	行動計畫	相關活動	志同道合	持之以恆

三種使命感的召喚技巧

認識自己

反思

互動

測驗

探索熱情

紀錄

觀察

聚焦

尋找榜樣

啟發

微調

借鏡

行動建議

一、設定固定的時間點來評估與反思自己的職涯方向和生活目標，確保它們與自己的價值觀和熱情保持一致。

二、根據個人的熱情和興趣，設定具體且實際的短期和長期目標，制定行動計畫來逐步實現這些目標。

三、積極參與相關的培訓和研討會，擴展專業知識與技能，並透過實際應用來促進個人和事業上的持續改進。

■延伸思考

一、如何建立與維護自己的支持系統，以便在職涯中持續成長和創新？

二、如何平衡個人的職涯目標與組織的期望，以充分實現職涯發展？

三、如何在競爭激烈的工作環境中尋求晉升，同時維持個人的核心價值和使命，不輕易妥協？

Chapter 19

運用原子習慣打造全面的精力管理

與其管理時間，不如管理自己的精力，因為精力的管理決定了你的人生層次。這邊所提到的層次並非單純指「高度」的層次，也可以是「廣度」。

這個時代已經不流行只是一味追求高度，爬上一座山，再爬另一座更高的山。我們已經不需要將時間都投入於不斷地往組織的上方攀爬，就如同我常說的，現今這個世代，不是比較誰是最高、最有錢、最有權勢的人，而是你的「不一樣」——你是否能活出自己的特色。

因此，除了「高度」的追求，我們還可以有「廣度」的探索和體驗。所謂「廣度」，指的是你有機會體驗不同的生活方式或工作型態，也可以透過斜槓的方式發展新的業務或技能，或者也可以去壯遊，來一場說走就走的旅行，感受更多來自這世界的各種美好。

然而，發展這一切的基礎不是時間管理，而是精力管理。

無論是要追求高度、廣度，或者體驗不同的美好，靠的並不是一時的衝動或短暫的奔跑。

一個真正善於精力管理的人所追求的狀態，並不是能連續熬幾天夜，只為了將事情完成。如同一位跑者，並不會在意昨天跑了多遠、今天跑了多遠、明天還要跑多遠，而是能持續跑上一年、五年、十年，讓自己不只是熱愛跑步，還要成為一位真正的跑者。

有辦法透過長期的方式來建構自己的能量狀態，長時間維持自己對人生與工作的全情投入，這才是一位真正擁有精力管理能力的人。

本書最後一個章節，想要跟大家討論如何透過原子習慣來具體實踐精力管理。

暢銷書《原子習慣》（*Atomic Habits: An Easy & Proven Way to Build Good Habits*

& Break Bad Ones）的核心理念，是透過微小而持續的改變，來實現大規模的個人成長和轉變；其關鍵方法，是透過四個階段來建立與實踐好習慣，以及改變壞習慣。這四個階段包括：

提示（Cue）：引發習慣的線索。這可以是外部的事件、時間點、地點或內在的情感狀態，「提醒」你開始執行某個習慣。

渴望（Craving）：對行動的渴望或動機。這是你希望執行這個習慣的「原因」，可能是為了達成某個目標、獲得某種好處或改善生活品質。

回應（Response）：實際的行動或習慣本身。這是你針對提示和渴望所採取的「具體行動」。

獎賞（Reward）：行動之後的獎勵或滿足感。這是一種正向回饋，讓你感受到完成習慣行動後的「滿足感」，有助於強化和鞏固這個習慣。

運用原子習慣四步驟來建立體能維度的習慣

提示

設定一個能提醒你進行體能活動的提示。這可以是一個特定的時間點（如每天早上六點的鬧鐘），或是環境中的一個信號。

為了養成運動習慣，我每天睡前都會將我隔天最想要穿的運動服裝放在床頭櫃，讓我一起床就不假思索地穿上。

渴望

建立對這個運動行為的渴望。你可以將其與正面的結果連結起來，例如運動後的愉悅感，或是長期健康帶來的好處。

我喜歡跟特定人士約定好運動的計畫，我稱之為與關係者結盟，也就是跟你最好的家人朋友一起達成目標，並且在社群媒體上打卡、分享合照。當然，重點是你要找到最想要一起運動的人。

回應

制定一個簡單易行的行為。剛開始時，設立一個小目標，例如每天步行十分鐘，或做幾組簡單的伸展運動，這樣可以降低心理障礙，使你更容易開始行動。

我曾經在北京待過十個冬天，每次想出門跑步都要通過三層關卡：掀開棉被、打開門、跑出去。在零下的溫度跑步，對於台灣人來說真的是個挑戰，因此我都會跟自己對話：「今天這麼冷，我們就只跑一公里。」通常我會被自己說服、出門去跑步，但最終我都是跑完五公里以後才返回。這就是先給自己一個小目標、開始行動的力量。

獎賞

給自己一個立即的獎勵來強化這個行為。這可以是享受一段放鬆的時間、一杯健康的果汁，或是將運動後的滿足感記錄下來。

我的弟弟住在泰國，是大廠的總經理，每次我去泰國都會找他一起跑步，他跟我一樣，跑齡也超過十年了。他說他每週日都要跑十五公里以上，跑完之後都會喝一杯星巴克的巧克力可可碎片星冰樂，這是他一週之中犒賞自己最重要的獎賞之一，也是他堅持跑下去的原因。

運用原子習慣四步驟來建立情緒維度的習慣

提示

設定一個能提醒你管理情緒的提示。這可以是每天固定的時間（如早晨冥想或晚上寫日記），或是在特定的時間點關照情緒（如在壓力大的時候深呼吸）。

我在家裡玄關的鞋櫃上擺了一盒彩虹卡（專門用來提醒自己正向面對情緒的卡牌），每次出門前，只要心情不穩定或不美麗，我都會抽一張卡，提醒自己要用正念來面對我的世界。

渴望

建立對情緒管理的渴望，想像自己能夠穩住情緒、應對挑戰，以及享受內心平靜的感覺。

我對情緒平穩的最大渴望，來自於我攀上高山峰頂以及完成馬拉松之後的心情，那是一種無比平靜的內心感受。

回應

制定一個簡單且具體的行動來管理情緒，例如每天花十分鐘寫情緒日記、進行冥想或深呼吸練習。

舉例來說，你可以在每天上下班的通勤時間戴上耳機，想像完成任務後的喜悅又平靜的情境，然後特意調整呼吸的節奏，讓吐氣變得深沉且緩慢，數六至八秒，每天超過五次即可。

獎賞

給予自己一個立即的獎勵來強化這種情緒管理行為，這可以是享受一段寧靜的時光、跟朋友聚餐，或其他愉悅的活動。

關於情緒方面的獎勵，我有兩種方式，其中一種是自己一個人在最喜歡的咖啡廳一邊喝咖啡，一邊讀我最想讀的書。另一種創造愉悅心情的方式，是找三兩好友到茶藝館，沒有主題和目標、就只是單純地閒聊，這對我來說可以有效地紓解壓力。

運用原子習慣四步驟來建立思維維度的習慣

提示

設定一個能提醒你開始專注工作的提示，例如，設定一個特定的工作起始時間（如上午九點），或使用專注工作的應用程式。你也可以設定一個能提醒你放空分心的提示，比如設定一個特定的休息時間（像是每工作一小時，便休息十分鐘）。

你應該學習重視黃金時間，也就是《最有生產力的一年》（*The Productivity*

Project）一書中所提出的「黃金時間」，這是一天當中你最容易專注的時間。我每天會在黃金時間之前，將上午的事情完成，跑完步、洗完澡、吃完早餐、倒好咖啡、坐上位置，而且這已經不只是我個人的提示，也是我的小團隊的一種上工儀式。此外，跑步也是我動態靜心的方式，更是一種開啟正向情緒的儀式活動。

渴望

想像專注完成任務後的成就感、高效工作的滿足感，以及放空後精神煥發的感覺，讓自己期待這段時間。

我的黃金時間是上午九點到十二點，因此，過去這幾年來，我將每天最需要專注的工作放到這個時間段，如規劃公司戰略、設計產品或課程，以及撰寫書籍或文章。我非常享受每天工作三小時就能有超過一天的成果，用高效的方式達成工作目標，還能有足夠多的時間做自己想做的事，這加深了我堅持在黃金時間專注做重要工作的渴望。

回應

設定一個小目標，例如專注工作二十五分鐘，然後休息五分鐘（番茄鐘工作法）。

在專注時間工作時，我會特意設置提醒鬧鐘，每三十分鐘響一次，以確認我是否分心或神遊了。因為我是一個很有想像力跟創造力的人，經常有許多天馬行空的想法，所以我會在黃金時間透過鬧鐘來提醒自己是否有專注於今天的重點工作，同時提醒自己需要喝水、上廁所和小休息。

獎賞

完成專注工作後，給自己一段放鬆的時間，可以去散步、聽音樂或冥想五分鐘，或者吃特別喜歡的零食。關於專注時間之後的獎勵，我將之分為兩種，一種是短期專注的獎勵，另一種則是長期專注的獎勵。

短期專注的獎勵，主要是當天專注完成三小時黃金時間的獎勵，我通常會安排前往最喜歡的餐廳吃一頓午餐。

長期專注的獎勵，是我在長時間專注並通過某個重大關卡之後，為了鼓勵自己堅持到底、達成任務，我就會抽出獎勵清單中的一項獎賞。所謂的獎勵清單，裡頭包含了我最想要體驗或購買的項目，我會在完成階段性任務的時候，從中抽取一個獎項。

運用原子習慣四步驟來建立精神維度的習慣

提示

設定一個提示，每天用來提醒你思考與實踐願景、使命感及價值觀，比如，每天早上冥想，或閱讀與價值觀相關的書籍。

我將我的願景和使命感，放在我個人的手機桌布和筆電的桌面上，也會放在我的月會表格，或是個人年度計畫書的第一條欄目上。

渴望

想像你清晰地看到自己的未來願景，並感受由此帶來的動力和方向感。

我會定期跟家人朋友、團隊夥伴描述及謀劃我的願景，也會透過使命感來對照目前的生活及工作內容，並且以圖片或海報的形式來呈現。現在有很多人工智慧的繪圖工具，可以透過我們的想像與文字，來生成各種令人嚮往的景象。

我十分相信視覺的力量，透過對大腦的刺激，便能不斷生成邁向願景的想法與策略，也會產生「吸引力法則」的祕密力量。

回應

每次花二十分鐘的時間冥想，寫下你的願景，反思你實現願景的步驟，並記錄你如何在日常生活中實踐。

我每個月都會安排跟自己的月會，以及半年一次、一年一次的會議。我所做的第一件事，是優先回顧過去完成願景和使命的階段性成果，以及接下來的可行選項和行動步驟。

舉例來說，每個月的二十七日晚上，我會安排和自己的月會，如果那天已有其他行程，就會提早一或兩天進行。

獎賞

將願景分解為每年、每月的目標之後，在每個階段達到里程碑時，可以進行一段放鬆的旅行，或者進行有意義的獎勵活動。

在我寫完第一本書的時候，我給自己一趟十二天的法國巴黎旅行，這是在我原定目標的截稿日期後的旅程安排，除了獎勵自己完成階段性目標，也驅動了自己如期完成的決心。當然，這也成為了我實踐願景的一個最佳獎勵。

活出生命的高度與廣度

現今這個時代不再只是追求高度，而是要更廣泛地關注生活的廣度和多樣性。無論是要追求事業高峰，或是體驗不同的生活方式，精力管理都是關鍵。

運用原子習慣的四個步驟——提示、渴望、回應和獎賞，我們可以有效地建立與維持各個維度的精力管理習慣。從體能、情緒、思維到精神層次，透過這些具體的方法，我們可以保持高效且積極的狀態，活出更豐富多彩的人生。

最重要的是，精力管理不是一時的衝動，而是需要長期堅持的。唯有透過持續的投入和維護，我們才能真正擁有精力管理的能力，在人生的各個階段都保持全情投入和良好狀態，而這才是一個真正擁有精力管理能力的人應該追求的目標。

讓我們一起努力，透過精力管理的方法，在追求高度的同時，也能夠探索生命的廣度，活出更精彩的人生。

圖解本章要點

**與其管理時間，
不如管理自己的精力，
用長期主義建構自己的能量狀態！**

《原子習慣》用小而持續的改變，實現個人大成長

	提示	渴望	回應	獎賞
體能模板	將最想穿的運動服放在床頭櫃	跟特定的人約運動建立關係	每天步行或跑步十分鐘	完成就拍照並在臉書打卡記錄下來
情緒模板	在鞋櫃擺彩虹卡，出門前不開心就抽一張	完成挑戰之後的體驗平靜感	每天花十分鐘寫情緒日記，調整呼吸節奏	在喜歡的咖啡廳喝杯咖啡、看本書
思維模板	黃金時間前完成啟動儀式，讓精神最佳化	想像專注完成後的滿足感	專注二十分鐘之後休息五分鐘	完成之後吃一個最喜歡的零食
精神模板	將願景做成桌布放在手機上與眼前可及處	用圖案或海報讓目標可視化	每次花二十分鐘冥想並寫下實現的步驟	完成之後，給自己一趟國外旅行

作者簡介

林揚程（Hank大叔）

事業：一九九八年成立太毅國際顧問公司，自二〇〇七年至今，為台灣本土最大的企業培訓公司，每年為數百家企業提供人才發展與培訓方案，目前擔任公司執行長。

運動：鐵人三項，iRonman與Challenge（113、226）；爬山，攀登台灣百岳與中國五嶽；各國馬拉松以及戈壁沙漠一百公里，跑齡超過十二年。

社群：創辦台灣最大的讀書會學習社群「書粉聯盟」，協助超過上百人成立自己的讀書會，擔任國際引導技術學會顧問、前生命動能協會理事長。

愛好：紅酒和跑步，參與過波爾多紅酒馬拉松等國內外數十場馬拉松；國際潛水，在台灣、東京、菲律賓、澳洲等多元海域潛水，並具備專業潛水長資格；閱讀，每年維持閱讀超過一百本以上的書籍；學習，每月維持個人能力精進課程與相關進修。

創作：二〇一七年出版《共讀的力量：帶領社群學習的引導技術》；開發「社群讀書引導術」課程，協助兩岸企業進行讀書會領讀培訓。

人生顧問 523

你不是懶，而是能量低：人生開外掛的精力管理術

作　者—林揚程
副總編輯—陳家仁
編　輯—黃凱怡
行銷企劃—洪晟庭
封面設計—江孟達
內頁設計—李宜芝
圖表繪製—魏美菉

總 編 輯—胡金倫
董 事 長—趙政岷
出 版 者—時報文化出版企業股份有限公司
108019 台北市和平西路三段 240 號 4 樓
發行專線—(02)2306-6842
讀者服務專線—0800-231-705・(02)2304-7103
讀者服務傳真—(02)2304-6858
郵撥—19344724 時報文化出版公司
信箱—10899 臺北華江橋郵局第 99 信箱
時報悅讀網—http://www.readingtimes.com.tw
法律顧問—理律法律事務所 陳長文律師、李念祖律師
印刷—勁達印刷有限公司
初版一刷—二〇二四年十月十八日
初版七刷—二〇二五年二月十八日
定　價—新台幣三八〇元
（缺頁或破損的書，請寄回更換）

時報文化出版公司成立於一九七五年，
並於一九九九年股票上櫃公開發行，於二〇〇八年脫離中時集團非屬旺中，
以「尊重智慧與創意的文化事業」為信念。

你不是懶,而是能量低：人生開外掛的精力管理術 / 林揚程作 . -- 初版 . --
臺北市 : 時報文化出版企業股份有限公司 , 2024.10
320 面 ; 14.8 x 21 公分 . -- (人生顧問 ; 523)

ISBN 978-626-396-741-0(平裝)

1. 自我實現 2. 生活指導 3. 成功法

177.2　　113012966

ISBN 978-626-396-741-0
Printed in Taiwan